CaramurU

Santa Rita Durão

TEXTO INTEGRAL

COLEÇÃO A OBRA-PRIMA DE CADA AUTOR

CARAMURU

POEMA ÉPICO DO DESCOBRIMENTO DA BAHIA

Santa Rita Durão

TEXTO INTEGRAL

MARTIN CLARET

CRÉDITOS

IDEALIZAÇÃO E COORDENAÇÃO
Martin Claret

CAPA
Ilustração
Cláudio Gianfardoni

MIOLO
Revisão
Rosana Citino
Marinice Argenta

Projeto Gráfico
José Duarte T. de Castro

Direção de Arte
José Duarte T. de Castro

Editoração Eletrônica
Editora Martin Claret

Papel
Off-Set, 70g/m²

Impressão e Acabamento
Paulus Gráfica

Editora Martin Claret Ltda. – Rua Alegrete, 62 – Bairro Sumaré
CEP: 01254-010 – São Paulo - SP
Tel.: (0xx11) 3672-8144 – Fax: (0xx11) 3673-7146

www.martinclaret.com.br / editorial@martinclaret.com.br

Agradecemos a todos os nossos amigos e colaboradores — pessoas físicas e jurídicas — que deram as condições para que fosse possível a publicação deste livro.

1ª REIMPRESSÃO – 2011

A história do livro e a coleção "A Obra-Prima de Cada Autor"

MARTIN CLARET

Que é o livro? Para fins estatísticos, na década de 60, a UNESCO considerou o livro "uma publicação impressa, não periódica, que consta de no mínimo 56 páginas, sem contar as capas".

O livro é um produto industrial.

Mas também é mais do que um simples produto. O primeiro conceito que deveríamos reter é o de que o livro como objeto é o veículo, o suporte de uma informação. O livro é uma das mais revolucionárias invenções do homem.

A *Enciclopédia Abril* (1972), publicada pelo editor e empresário Victor Civita, no verbete "livro" traz concisas e importantes informações sobre a história do livro. A seguir, transcrevemos alguns tópicos desse estudo didático sobre o livro.

O livro na Antiguidade

Antes mesmo que o homem pensasse em utilizar determinados materiais para escrever (como, por exemplo, fibras vegetais e tecidos), as bibliotecas da Antiguidade estavam repletas de textos gravados em tabuinhas de barro cozido. Eram os primeiros "livros", depois progressivamente modificados até chegar a ser feitos — em grandes tiragens — em papel impresso mecanicamente, proporcionando facilidade de leitura e transporte. Com eles, tornou-se possível, em todas as épocas, transmitir fatos, acontecimentos históricos, descobertas, tratados, códigos ou apenas entretenimento.

Como sua fabricação, a função do livro sofreu enormes modificações dentro das mais diversas sociedades, a ponto de constituir uma mercadoria especial, com técnica, intenção e utilização determinadas. No moderno movimento editorial das chamadas sociedades de consumo, o livro pode ser considerado uma mercadoria cultural, com maior ou menor significado no contexto socioeconômico em que é publicado. Como mercadoria, pode ser comprado, vendido ou trocado. Isso não ocorre, porém, com sua função intrínseca, insubstituível: pode-se dizer que o livro é essencialmente um instrumento cultural de difusão de idéias, transmissão de conceitos, documentação (inclusive fotográfica e iconográfica), entretenimento ou ainda de condensação e acumulação do conhecimento. A palavra escrita venceu o tempo, e o livro conquistou o espaço. Teoricamente, toda a humanidade pode ser atingida por textos que difundem idéias que vão de Sócrates e Horácio a Sartre e McLuhan, de Adolf Hitler a Karl Marx.

Espelho da sociedade

A história do livro confunde-se, em muitos aspectos, com a história da humanidade. Sempre que escolhem frases e temas, e transmitem idéias e conceitos, os escritores estão elegendo o que consideram significativo no momento histórico e cultural que vivem. E assim, fornecem dados para a análise de sua sociedade. O conteúdo de um livro — aceito, discutido ou refutado socialmente — integra a estrutura intelectual dos grupos sociais.

Nos primeiros tempos, o escritor geralmente vivia em contato direto com seu público, que era formado por uns poucos letrados, já cientes das opiniões, idéias, imaginação e teses do autor, pela própria convivência que tinha com ele. Muitas vezes, mesmo antes de ser redigido o texto, as idéias nele contidas já haviam sido intensamente discutidas pelo escritor e parte de seus leitores. Nessa época, como em várias outras, não se pensava no enorme percentual de analfabetos. Até o século XV, o livro servia exclusivamente a uma pequena minoria de sábios e estudiosos que constituíam os círculos intelectuais (confinados aos mosteiros no início da Idade Média) e que tinham acesso às bibliotecas, cheias de manuscritos ricamente ilustrados.

Com o reflorescimento comercial europeu em fins do século XIV, burgueses e comerciantes passaram a integrar o mercado livreiro da época. A erudição laicizou-se, e o número de escritores aumentou, surgindo também as primeiras obras escritas em línguas que não o latim e o grego (reservadas aos textos clássicos e aos assuntos considerados dignos de atenção).

Nos séculos XVI e XVII, surgiram diversas literaturas nacionais, demonstrando, além do florescimento intelectual da época, que a população letrada dos países europeus estava mais capacitada a adquirir obras escritas.

Cultura e comércio

Com o desenvolvimento do sistema de impressão de Gutenberg, a Europa conseguiu dinamizar a fabricação de livros, imprimindo, em cinqüenta anos, cerca de vinte milhões de exemplares para uma população de quase cem milhões de habitantes, a maioria analfabeta. Para a época, isso significou enorme revolução, demonstrando que a imprensa só se tornou uma realidade diante da necessidade social de ler mais.

Impressos em papel, feitos em cadernos costurados e posteriormente encapados, os livros tornaram-se empreendimento cultural e comercial: os editores passaram logo a se preocupar com melhor apresentação e redução de preços. Tudo isso levou à comercialização do livro. E os livreiros baseavam-se no gosto do público para imprimir, sobretudo, obras religiosas, novelas, coleções de anedotas, manuais técnicos e receitas.

O percentual de leitores não cresceu na mesma proporção que a expansão demográfica mundial. Somente com as modificações socioculturais e econômicas do século XIX — quando o livro começou a ser utilizado também como meio de divulgação dessas modificações, e o conhecimento passou a significar uma conquista para o homem, que, segundo se acreditava, poderia ascender socialmente se lesse — houve um relativo aumento no número de leitores, sobretudo na França e na Inglaterra, onde alguns editores passaram a produzir, a preços baixos, obras completas de autores famosos. O livro era então interpretado como símbolo de liberdade, conseguida por conquistas culturais. Entretanto, na maioria dos países, não houve nenhuma grande modificação nos índices percentuais até o fim da Primeira Guerra Mundial (1914/18), quando surgiram as primeiras grandes tiragens de livros, principalmente romances, novelas e textos didáticos. O número elevado de cópias, além de baratear o preço da unidade, difundiu ainda mais a literatura. Mesmo assim, a maior parte da população de muitos países continuou distanciada, em parte porque o livro, em si, tinha sido durante muitos séculos considerado objeto raro, passível de ser adquirido somente por um pequeno número de eruditos. A grande massa da população mostrou maior receptividade aos jornais, periódicos e folhetins, mais dinâmicos e atualizados, além de acessíveis ao poder aquisitivo da grande maioria.

Mas isso não chegou a ameaçar o livro como símbolo cultural de difusão de idéias, como fariam, mais tarde, o rádio, o cinema e a televisão.

O advento das técnicas eletrônicas, o aperfeiçoamento dos métodos fotográficos e a pesquisa de materiais praticamente imperecíveis fazem alguns teóricos da comunicação de massa pensar em um futuro sem os livros tradicionais, com seu formato quadrado ou retangular, composto de folhas de papel, unidas umas às outras por um dos lados.

Seu conteúdo e suas mensagens, racionais ou emocionais, seriam transmitidos por outros meios, como, por exemplo, microfilmes e fitas gravadas.

A televisão transformaria o mundo inteiro em uma grande "aldeia" (como afirmou Marshall McLuhan), no momento em que todas as sociedades decretassem sua prioridade em relação aos textos escritos.

Mas a palavra escrita dificilmente deixaria de ser considerada uma das mais importantes heranças culturais, para todos os povos.

E no decurso de toda a sua evolução, o livro sempre pôde ser visto como objeto cultural (manuseável, com forma entendida e interpretada em função de valores plásticos) e símbolo cultural (dotado de conteúdo, entendido e interpretado em função de valores semânticos). As duas maneiras podem fundir-se no pensamento coletivo, como um conjunto orgânico (em que texto e arte se completam, como, por exemplo, em um livro de arte) ou apenas como um conjunto textual (no qual a mensagem escrita vem em primeiro lugar — em um livro de matemática, por exemplo).

A mensagem (racional, prática ou emocional) de um livro é sempre intelectual e pode ser revivida a cada momento.

O conteúdo, estático em si, dinamiza-se em função da assimilação das palavras pelo leitor, que pode discuti-las, reafirmá-las, negá-las ou transformá-las. Por isso, o livro pode ser considerado um instrumento cultural capaz de liberar informação, sons, imagens, sentimentos e idéias através do tempo e do espaço.

A quantidade e a qualidade das idéias colocadas em um texto podem ser aceitas por uma sociedade, ou por ela negadas, quando entram em choque com conceitos ou normas culturalmente admitidas.

Nas sociedades modernas, em que a classe média tende a considerar o livro como sinal de *status* e cultura (erudição), os compradores utilizam-no como símbolo mesmo, desvirtuando suas funções ao transformá-lo em livro-objeto.

Mas o livro é, antes de tudo, funcional — seu conteúdo é que lhe confere valor (como os livros das ciências, de filosofia, religião, artes, história e geografia, que representam cerca de 75% dos títulos publicados anualmente em todo o mundo).

O mundo lê mais

No século XX, o consumo e a produção de livros aumentaram progressivamente. Lançado logo após a Segunda Guerra Mundial (1939/45), quando uma das características principais da edição de um livro eram as capas entreteladas ou cartonadas, o livro de bolso constituiu um grande êxito comercial. As obras — sobretudo *best-sellers* publicados algum tempo antes em edições de luxo — passaram a ser impressas em rotativas, como as revistas, e distribuídas às bancas de jornal. Como as tiragens elevadas permitiam preços muito baixos, essas edições de bolso popularizaram-se e ganharam importância em todo o mundo.

Até 1950, existiam somente livros de bolso destinados a pessoas de baixo poder aquisitivo; a partir de 1955, desenvolveu-se a categoria do livro de bolso "de luxo". As características principais destes últimos eram a abundância de coleções — em 1964 havia mais de duzentas nos Estados Unidos — e a variedade de títulos, endereçados a um público intelectualmente mais refinado.

A essa diversificação das categorias adiciona-se a dos pontos-de-venda, que passaram a abranger, além das bancas de jornal, farmácias, lojas, livrarias, etc. Assim, nos Estados Unidos, o número de títulos publicados em edições de bolso chegou a 35 mil em 1969, representando quase 35% do total dos títulos editados.

Proposta da coleção
"A Obra-Prima de Cada Autor"

A palavra "coleção" é uma palavra há muito tempo dicionarizada, e define o conjunto ou reunião de objetos da mesma natureza ou que têm qualquer relação entre si. Em um sentido editorial, significa o conjunto não-limitado de obras de autores diversos, publicado por uma mesma editora, sob um título geral indicativo de assunto ou área, para atendimento de segmentos definidos do mercado.

A coleção "A Obra-Prima de Cada Autor" corresponde plenamente à definição acima mencionada. Nosso principal objetivo é oferecer, em formato de bolso, a obra mais importante de cada autor, satisfazendo o leitor que procura qualidade.*

Desde os tempos mais remotos existiram coleções de livros. Em Nínive, em Pérgamo e na Anatólia existiam coleções de obras literárias de grande importância cultural. Mas nenhuma delas superou a célebre biblioteca de Alexandria, incendiada em 48 a.C. pelas legiões de Júlio César, quando estes arrasaram a cidade.

A coleção "A Obra-Prima de Cada Autor" é uma série de livros a ser composta de mais de 500 volumes, em formato de bolso, com preço altamente competitivo, e pode ser encontrada em centenas de pontos-de-venda. O critério de seleção dos títulos foi o já estabelecido pela tradição e pela crítica especializada. Em sua maioria, são obras de ficção e filosofia, embora possa haver textos sobre religião, poesia, política, psicologia e obras de auto-ajuda. Inauguram a coleção quatro textos clássicos: *Dom Casmurro*, de Machado de Assis; *O Príncipe*, de Maquiavel; *Mensagem*, de Fernando Pessoa e *O Lobo do Mar*, de Jack London.

Nossa proposta é fazer uma coleção quantitativamente aberta. A periodicidade é mensal. Editorialmente, sentimo-nos orgulhosos de poder oferecer a coleção "A Obra-Prima de Cada Autor" aos leitores brasileiros. Nós acreditamos na função do livro.

---

* Atendendo a sugestões de leitores, livreiros e professores, a partir de certo número da coleção, começamos a publicar, de alguns autores, outras obras além da sua obra-prima.

Et quoniam Deus ora movet,
sequar ora moventem.
Rite Deum.

Ovid. *Metamorph.* XV*

---

* Ovídio, *Metamorfoses*, livro XV: "E porque Deus fala por meu intermédio, seguirei sua inspiração".

Reflexões prévias e argumento

Os sucessos do Brasil não mereciam menos um poema que os das Índias. Incitou-me a escrever este o amor da pátria. Sei que a minha profissão exigiria de mim outros estudos; mas estes não são indignos de um religioso, porque não o foram de bispos, e bispos santos; e o que mais é, de santos padres, como S. Gregório Naziazeno, São Paulino e outros; maiormente, sendo este poema ordenado a pôr diante dos olhos aos libertinos o que a natureza inspirou a homens que viviam tão remotos das que eles chamam "preocupações de espíritos débeis". Oportunamente o insinuamos em algumas notas; usamos sem escrúpulo de nomes tão bárbaros: os alemães, ingleses e semelhantes não parecem menos duros aos nossos ouvidos; e os nossos aos seus. Não faço mais apologias da obra, porque espero as repreensões, para, se for possível, emendar os defeitos, que me envergonho menos de cometer que de me desculpar.

A ação do poema é o descobrimento da Bahia, feito quase no meio do século XVI por Diogo Álvares Correia, nobre vianês[1], compreendendo em vários episódios a história do Brasil, os ritos, tradições, milícias dos seus indígenas, como também a natural, e política das colônias.

Diogo Álvares passava ao novo descobrimento da capitania de S. Vicente, quando naufragou nos baixos de Boipebá, vizinhos à Bahia. Salvaram-se com ele seis dos seus companheiros, e foram devorados pelos gentios antropófagos, e ele esperado, por vir enfermo, para melhor nutrido servir-lhes de mais gostoso pasto. Encalhada a nau, deixaram-no tirar dela pólvora, bala, armas e outras espécies,

[1] Natural da região de Viana do Castelo, em Portugal.

de que ignoravam o uso. Com uma espingarda matou ele caçando certa ave, de que espantados os bárbaros o aclamaram "Filho do trovão", e "Caramuru", isto é, "Dragão do mar". Combatendo com os gentios do sertão, venceu-os, e fez-se dar obediência daquelas nações bárbaras. Ofereceram-lhe os principais[2] do Brasil as suas filhas por mulheres; mas de todas escolheu Paraguaçu, que depois conduziu consigo à França, ocasião em que outras cinco brasilianas seguiram a nau francesa a nado, por acompanhá-lo, até que uma se afogou; e intimidadas as outras, se retiraram.

Salvou um navio de espanhóis, que naufragaram, com o que mereceu que lho agradecesse o imperador Carlos V com uma honrosa carta. Passou à França em nau que ali abordou daquele reino, e foi ouvido com admiração de Henrique II, que o convidava para em seu nome fazer aquela conquista. Repugnou ele, dando aviso ao Senhor D. João III por meio de Pero Fernandes Sardinha, primeiro bispo da Bahia. Cometeu[3] o monarca a empresa a Francisco Pereira Coutinho, fazendo-o donatário daquela capitania. Mas este, não podendo amansar os tupinambás, que habitavam o Recôncavo, retirou-se à capitania dos Ilhéus; e pacificado depois com os tupinambás, tornava à Bahia, quando ali infaustamente pereceu em um naufrágio. Entanto Diogo Álvares assistiu em Paris ao batismo de Paraguaçu, sua esposa, nomeada nele Catarina, por Catarina de Médicis, rainha cristianíssima, que lhe foi madrinha, e tornou com ela para a Bahia, onde foi reconhecida dos tupinambás como herdeira do seu principal, e Diogo recebido com o antigo respeito. Teve Catarina Álvares uma visão famosa, em que a Virgem Santíssima, manifestando-se-lhe cheia de glória, lhe disse que fizesse restituir uma imagem sua roubada por um salvagem. Achou-se esta nas mãos de um bárbaro; e Catarina Álvares com exclamações de júbilo se lançou a abraçá-la, clamando ser aquela a imagem mesma que lhe aparecera: foi colocada com o título de Virgem Santíssima da Graça em uma Igreja, que é hoje Mosteiro de S. Bento, célebre por esta tradição. Chegou entanto de Portugal Tomé de Sousa com algumas naus, famílias e tropas para povoar a Bahia. Sebastião da Rocha Pita, autor da *História brasílica*[4], e natural da mesma cidade, assevera que Catarina Álvares renunciara no Senhor D. João III os direitos que tinha sobre os tupinambás, como herdeira dos seus

---

[2] Principal: chefe de uma comunidade.

[3] Na acepção de "incumbir".

[4] Gente e coisas indígenas do Brasil.

maiores principais; ele mesmo atesta que aquele monarca mandara aos seus governadores que honrassem e atendessem Diogo Álvares Correia Caramuru pelos referidos serviços; e foi com efeito ele o tronco da nobilíssima Casa da Torre da Bahia; e Catarina Álvares sua mulher foi honrada por aquela metrópole com um seu retrato sobre a porta da Casa da Pólvora, ao lado das armas reais. Leia-se Vasconcelos na *História do Brasil*, Francisco de Brito Freire e Sebastião da Rocha Pita.

CANTO I

I

De um varão em mil casos agitado,
Que as praias discorrendo do Ocidente,
Descobriu o Recôncavo afamado
Da capital brasílica potente;
De Filho do Trovão denominado,
Que o peito domar soube à fera gente;
O valor cantarei na adversa sorte,
Pois só conheço herói quem nela é forte.

II

Santo Esplendor, que do grão[1] Padre manas[2]
Ao seio intacto de uma Virgem bela;
Se da enchente de luzes soberanas
Tudo dispensas pela Mãe donzela,
Rompendo as sombras de ilusões humanas,
Tudo (grão caso!)[3] a pura luz revela;
Faze que em ti comece e em ti conclua
Esta grande obra, que por fim foi tua.

III

E vós, Príncipe excelso[4], do Céu dado
Para base imortal do luso trono;
Vós que do áureo Brasil no principado
Da real sucessão sois alto abono;
Enquanto o império tendes descansado
Sobre o seio da paz com doce sono,

---

[1] "Grão" e "grã" são formas apocopadas de "grande".
[2] Irrompe.
[3] Em algumas edições lê-se "*Tu do* grão caso a luz...".
[4] Trata-se de D. José, filho de D. Pedro III.

Não queirais dedignar-vos [5] no meu metro[6]
De pôr os olhos e admiti-lo ao cetro.

IV

Nele vereis nações desconhecidas,
Que em meio dos sertões a fé não doma;
E que puderam ser-vos convertidas
Maior império que houve em Grécia ou Roma:
Gentes vereis e terras escondidas,
Onde, se um raio da verdade assoma,
Amansando-as, tereis na turba imensa
Outro reino maior que a Europa extensa.

V

Devora-se a infeliz, mísera gente,
E sempre reduzida a menos terra,
Virá toda a extinguir-se infelizmente,
Sendo, em campo menor, maior a guerra.
Olhai, Senhor, com reflexão clemente
Para tantos mortais que a brenha[7] encerra,
E que, livrando desse abismo fundo,
Vireis a ser monarca de outro mundo.

VI

Príncipe do Brasil, futuro dono,
À mãe da Pátria, que administra o mando,
Ponde, excelso Senhor, aos pés do trono
As desgraças do povo miserando:
Para tanta esperança é o justo abono
Vosso título e nome, que invocando,
Chamará, como a outro o egípcio povo,
D. José salvador de um mundo novo.

VII

Nem podereis temer que ao santo intento
Não se nutram heróis no luso povo,

---

[5] Julgar indigno de si.
[6] Na acepção de "forma rítmica de obra poética".
[7] Mata espessa.

Que o antigo Portugal vos apresento
No Brasil renascido, como em novo.
Vereis do domador do índico assento
Nas guerras do Brasil alto renovo,
E que os seguem nas bélicas idéias
Os Vieiras, Barretos e os Correias[8].

VIII

Dai, portanto, Senhor, potente impulso,
Com que possa entoar sonoro o metro,
Da brasílica gente o invicto pulso,
Que aumenta tanto império ao vosso cetro:
E enquanto o povo do Brasil convulso
Em nova lira canto, em novo pletro[9],
Fazei que fidelíssimo se veja
O vosso trono em propagar-se a igreja.

IX

Da nova Lusitânia o vasto espaço
Ia a povoar Diogo, a quem bisonho
Chama o Brasil, temendo o forte braço,
Horrível filho do trovão medonho:
Quando do abismo por cortar-lhe o passo
Essa fúria saiu, como suponho,
A quem do Inferno o Paganismo aluno,
Dando o império das águas, fez Netuno[10].

X

O grão tridente, com que o mar comove,
Cravou dos Órgãos na montanha horrenda[11]

---

[8] O autor alude aqui a João Fernandes Vieira, Francisco Barreto de Meneses e Manuel Alves Correia. Os dois primeiros lutaram para expulsar os holandeses de Pernambuco, e o último combateu contra os espanhóis na colônia de Sacramento.

[9] Trata-se de uma varinha para fazer vibrar as cordas da lira.

[10] O sentido geral desses últimos versos é que o Paganismo, instruído pelo Inferno, do qual é aluno, deu o império das águas a Netuno. O símbolo do poder de Netuno sobre as águas é um grande tridente, o que guarda uma evidente analogia com a representação que se faz do diabo, também com um tridente.

[11] Trata-se da Serra dos Órgãos. É referida como "horrenda" em razão da cerração que se forma em alguns de seus trechos.

E na escura caverna, adonde Jove
(Outro espírito) espalha a luz tremenda,
Relâmpagos mil faz, coriscos chove;
Bate-se o vento em hórrida contenda,
Arde o céu, zune o ar, treme a montanha
E ergue-lhe o mar em frente outra tamanha.

XI

O Filho do Trovão, que em baixel[12] ia
Por passadas tormentas, ruinoso,
Vê que do grosso mar na travessia
Se sorve o lenho[13] pelo pego[14] undoso[15];
Bem que, constante, a morte não temia,
Invoca no perigo o Céu piedoso,
Ao ver que a fúria horrível da procela[16]
Rompe a nau, quebra o leme e arranca a vela.

XII

Lança-se ao fundo o ignívomo[17] instrumento,
Todo o peso se alija; o passageiro,
Para nadar no túmido[18] elemento,
A tábua abraça, que encontrou primeiro:
Quem se arroja no mar temendo o vento,
Qual se fia a um batel[19], quem a um madeiro,
Até que sobre a penha, que o embaraça,
A quilha bate e a nau se despedaça.

XIII

Sete somente do batel perdido
Vêm à praia cruel, lutando a nado;
Oferece-lhe um socorro fementido[20]

---

[12] Nau.
[13] A embarcação.
[14] Oceano, pélago.
[15] Revolto, cheio de ondas.
[16] Tempestade marítima.
[17] Que expele chamas.
[18] Na acepção de “orgulhoso”, “cheio de si”.
[19] Barco pequeno.
[20] Isto é, um falso socorro, uma ajuda com segundas intenções, pois essa

Bárbara multidão, que acolhe ao brado:
E ao ver na praia o benfeitor fingido,
Rende-lhe as mãos o náufrago enganado:
Tristes! que a ver algum qual fim o espera
Com quanta sede a morte não bebera!

XIV

Já estava em terra o infausto naufragante,
Rodeado da turba americana;
Vêem-se com pasmo ao porem-se diante,
E uns aos outros não crêem da espécie humana:
Os cabelos, a cor, barba e semblante
Faziam crer àquela gente insana
Que alguma espécie de animal seria,
Desses que no seu seio o mar trazia.

XV

Algum, chegando aos míseros, que à areia
O mar arroja extintos, nota o vulto;
Ora o tenta despir e ora receia
Não seja astúcia, com que o assalte oculto.
Outros, do jacaré tomando a idéia,
Temem que acorde com violento insulto,
Ou que o sono fingindo os arrebate
E entre as presas cruéis no fundo os mate.

XVI

Mas vendo o Sancho, um náufrago que expira[21],
Rota a cabeça numa penha aguda,
Que ia trêmulo a erguer-se e que caíra,
Que com voz lastimosa implora ajuda:
E vendo os olhos, que ele em branco vira,
Cadavérica a face, a boca muda,
Pela experiência da comua[22] sorte,
Reconhecem também que aquilo é morte.

---

multidão é constituída por índios antropófagos.

[21] Sancho é um náufrago que, ao contrário dos sete acima mencionados, não consegue sobreviver, morrendo ao chegar à praia; na seqüência os canibais se banqueteiam com a sua carne.

[22] Forma feminina de "comum", no português arcaico.

XVII

Correm depois de crê-lo ao pasto horrendo;
E retalhando o corpo em mil pedaços,
Vai cada um famélico trazendo,
Qual um pé, qual a mão, qual outro os braços:
Outros na crua carne iam comendo,
Tanto na infame gula eram devassos;
Tais há que os assam nos ardentes fossos,
Alguns torrando estão na chama os ossos.

XVIII

Que horror da humanidade! ver tragada
Da própria espécie a carne já corrupta!
Quanto não deve a Europa abençoada
À Fé do Redentor, que humilde escuta?
Não era aquela infâmia[23] praticada
Só dessa gente miseranda e bruta;
Roma e Cartago o sabe no noturno,
Horrível sacrifício de Saturno[24].

XIX

Os sete, entanto, que do mar com vida
Chegaram a tocar na infame areia,
Pasmam de ver na turba recrescida
A brutal catadura[25], hórrida e feia;
A cor vermelha em si mostram tingida
De outra cor diferente, que os afeia;
Pedras e paus de embiras enfiados,
Que na face e nariz trazem furados.

XX

Na boca em carne humana ensangüentada
Anda o beiço inferior todo caído;

---

[23] A antropofagia.

[24] Nota da edição de 1878: "Os antigos italianos foram, como se colige de Homero, antropófagos; tais eram os lestrigões e os liparitanos. Os fenícios e os cartaginenses usaram vítimas humanas, e Roma própria nos seus maiores apertos. São espécies vulgares na história".

[25] Aparência.

Porque a têm toda em roda esburacada
E o labro[26] de vis pedras embutido:
Os dentes (que é beleza que lhe agrada)
Um sobre outro desponta recrescido;
Nem se lhe vê nascer na barba o pêlo,
Chata a cara e nariz, rijo o cabelo.

XXI

Vê-se no sexo recatado o pejo,
Sem mais que a antiga gala que Eva usava,
Quando, por pena de um voraz desejo,
Da feia a desnudez se envergonhava:
Vão sem pudor com bárbaro despejo
Os homens, como Adão sem culpa andava;
Mas vê-se, alma Natura, o que lhe ordenas,
Porque no sacrifício usam de penas.

XXII

Qual das belas araras traz vistosas,
Louras, brancas, purpúreas, verdes plumas;
Outros põem, como túnicas lustrosas,
Um verniz de balsâmicas escumas:
Nem temem nele as chuvas procelosas[27],
Nem o frio rigor de ásperas brumas;
Nem se receiam do mordaz besouro,
Qual anta ou qual tatu dentro em seu couro.

XXIII

Por armas, frechas[28], arcos, pedras, bestas,
A espada do pau ferro, e por escudo
As redes de algodão nada molestas,
Onde a ponta se embace ao dardo agudo:
Por capacete, nas guerreiras testas,
Cintos de penas com galhardo estudo;
Mas o vulgo, no bélico ameaço,
Não tem mais que unha ou dente, ou punho ou braço.

---

[26] Lábio superior nos mamíferos.
[27] Tempestuosas.
[28] Variação de "flechas".

XXIV

Desta arte armada, a multidão confusa
Investe o naufragante enfraquecido,
Que ao ver-se despojar, nada recusa,
Porque se enxugue o mádido[29] vestido:
Tanto mais pelo mimo, que se lhe usa,
Quando a bárbara gente o vê rendido;
Trouxeram-lhe a batata, o coco, o inhame;
Mas o que crêem piedade é gula infame[30].

XXV

Cevavam desta forma os desditosos
Das fadigas marítimas desfeitos;
Por pingues[31] ter os pastos horrorosos,
Sendo nas carnes míseras refeitos:
Feras! Mas feras não, que mais monstruosos
São da nossa alma os bárbaros efeitos;
E em corrupta razão mais furor cabe,
Que tanto um bruto imaginar não sabe.

XXVI

Não mui longe do mar, na penha dura,
A boca está de um antro mal aberta,
Que horrível dentro pela sombra escura,
Toda é fora de ramas encoberta:
Ali com guarda à vista se clausura
A infeliz companhia, estando alerta,
E por cevá-los mais, dão-lhe o recreio
De ir pela praia em plácido passeio.

XXVII

Diogo então, que à gente miseranda,
Por ser de nobre sangue precedia,
Vendo que nada entende a turba infanda[32],

---

29 Orvalhado, umedecido.

30 Quer dizer, os índios estavam alimentando os náufragos não por compaixão, mas a fim de engordá-los antes do abate.

31 Gordos.

32 Perversa, nefasta.

Nem do férreo mosquete usar sabia;
Da rota nau, que se descobre à banda,
Pólvora e bala em cópia recolhia;
E como enfermo, que no passo tarda,
Serviu-se por bastão de uma espingarda.

XXVIII

Forte, sim, mas de têmpera[33]delicada,
Aguda febre traz desde a tormenta;
Pálido o rosto e a cor toda mudada,
A carne sobre os ossos macilenta:
Mas foi-lhe aquela doença afortunada,
Porque a gente cruel guardá-lo intenta,
Até que sendo a si restituído,
Como os mais vão comer, seja comido.

XXIX

Barbárie foi (se crê) da antiga idade
A própria prole devorar nascida,
Desde que essa cruel voracidade
Fora ao velho Saturno atribuída:
Fingimento por fim, mas é, em verdade,
Invenção do diabólico homicida,
Que uns cá se matam, e outros lá se comem:
Tanto aborrece aquela fúria ao homem.

XXX

Mas já três vezes tinha a lua enchido
Do vasto globo o luminoso aspecto,
Quando o chefe dos bárbaros temido
Fulmina contra os seis o atroz decreto:
Ordena que no altar seja oferecido[34]
O brutal sacrifício em sangue infecto,
Sendo a cabeça às vítimas quebrada
E a gula infanda de os comer saciada.

---

[33] Em algumas edições se lê "tempra". Nas de 1836, 1878, e 1913 optou-se por "têmpera"; passando o verso, dessa forma, a ter onze sílabas.

[34] Em algumas edições lê-se "of'recido", que é a forma sincopada de "oferecido". Nas edições de 1836 e 1913 preferiu-se esta última forma, ficando o verso com onze sílabas.

XXXI

Entanto que se ordena a brutal festa,
Nada sabiam na marinha gruta
Os habitantes da prisão funesta,
Que ardilosa lho esconde a gente bruta:
E enquanto a feral pompa já se apresta[35],
Toda a pena em favor se lhe comuta;
Nem parecem ter dado a menor ordem,
Senão que comam e comendo engordem.

XXXII

Mimosas carnes mandam, doces frutas,
O araçás, o caju, coco e mangaba;
Do bom maracujá lhe enchem as grutas
Sobre rimas e rimas de goiaba;
Vasilhas põem de vinho nunca enxutas,
E a imunda catimpoeira[36], que da baba
Fazer costuma a bárbara patrulha,
Que só de ouvi-lo o estômago se embrulha.

XXXIII

Um dia, pois, que à sombra desejada
Se repousam, passando a calma ardente,
Por dar alívio à dor reconcentrada
De ver-se escravos de tão fera gente,
Fernando, um deles, diz, que aos mais agrada
Por cantigas que entoa docemente,
Que em cítara, que o mar na terra lança,
Se divirtam da fúnebre lembrança.

XXXIV

Mancebo era Fernando mui polido,
Douto em letras e em prendas celebrado,
Que nas ilhas do Atlântico nascido,
Tinha muito co'as musas conversado:
Tinha ele os rumos do Brasil seguido,

---

[35] Já se apronta.

[36] Bebida indígena obtida pela mastigação do milho misturada à saliva.

Por ver o monumento celebrado
De uma estátua famosa, que num pico
Aponta do Brasil ao país rico.

XXXV

Pedira-lhe Luís, que isto escutara,
De profética estátua[37] o conto inteiro,
Se foi verdade, se invenção foi clara
De gente rude ou povo noveleiro:
Fernando então, que em metro já cantara
O sucesso, que atesta verdadeiro,
Toma nas mãos a cítara suave
E entoando começa em canto grave.

XXXVI

Oculto o tempo foi, incerta a era,
Em que o grão caso contam sucedido;
Mas em parte é sem dúvida sincera
A bela história, que a escutar convido:
Feliz foi o ditoso, e feliz era
Quem tanto foi do céu favorecido,
Pois em meio ao corrupto gentilísmo
Merecer soube a Deus o seu batismo.

XXXVII

Incerto pelas brenhas caminhava
Um varão santo, que perdera a via,
Quando pelos cabelos o elevava
O anjo adonde o Sol já se escondia;
E um salvagem[38] lhe mostra, que se achava
Quase lutando em última agonia:
Ouve (lhe diz) o justo agonizante;
E uma estrada de luz tomou brilhante.

---

[37] Quer dizer, por instância de Luís, Fernando passa a tocar e cantar na cítara a lendária história de uma estátua localizada na Ilha do Corvo, em Açores. Essa estátua, voltada para o Ocidente, estaria apontando para o Brasil, indicando aos portugueses a missão de navegar para tais terras.

[38] Variação de "selvagem".

XXXVIII

Auréu (que assim se chama o sacro enviado),
Encostando-se ao velho titubeante[39],
Por ignorar-lhe o idioma não falado,
No seu diz, de que o enfermo era ignorante:
E ouve-se responder (caso admirado!)
Numa língua de todo extravagante,
Que sendo em tudo extraordinária e bruta,
Faz-se entender, e entende-o no que escuta.

XXXIX

Do grande Criador por mensageiro
A benção (diz) te ofereço[40], homem ditoso;
Neste mundo ignorado em o primeiro
Quer que o seu nome escutes glorioso:
Do eterno Pai, de um Filho verdadeiro,
Do Espírito também, laço amoroso,
Quer que o mistério saibas da verdade;
São três pessoas numa só unidade.

XL

Um só Senhor, que todo o ser governa,
Que só com dizer seja o fez de nada;
Que à natureza desde a idade eterna
Certa época fixou de ser criada;
Que abrindo liberal a mão paterna,
Toda a cousa[41] abençoa que é animada:
Que sua imagem nos fez; e sem segundo,
Quer que o homem reine sobre o vasto mundo.

XLI

Que havendo em mil delícias colocado
Nossos primeiros pais num paraíso,
Por homenagem desse império dado,

---

[39] Em algumas edições consta "titubante".

[40] Em algumas edições lê-se "of'reço", forma sincopada de "ofereço". Nas edições de 1878, 1913 e 1934 optou-se pela segunda forma, tendo o verso, assim, onze sílabas.

[41] Coisa.

Privou de um pomo com severo aviso:
Que vendo o seu respeito profanado
E igual satisfação sendo preciso,
No duro lenho o pôs, no férreo cravo,
E deu o filho por salvar o escravo.

XLII

Este no seio, pois, de Virgem pura,
Invocada no nome de Maria,
Redentor, mestre e luz da criatura,
Nasceu, pregou, morreu na cruz impia[42]:
Rompeu do abismo a imóvel fechadura;
Depois ressurge no terceiro dia;
E ao céu subindo enfim, donde comanda,
Aos fins da terra os mensageiros manda.

XLIII

Um destes venho a ti: lavar-te intento,
Se queres aceitar meu catecismo;
E servindo de porta o Sacramento,
Incorporar-te ao santo Cristianismo.
Purga o teu coração, teu pensamento,
Por chegar puro às águas do batismo,
Onde se entras com dor do mal primeiro,
De Jesus Cristo morrerás co-herdeiro.

XLIV

Aos primeiros acentos que escutara,
Guaçu (que este é seu nome) a frente empena;
Atenta ao que ouve a orelha e fixa a cara,
Senão que co'a cabeça tudo acena:
Dos olhos mal se serve, que cegara,
Bem que a vista pareça ter serena;
As mãos de quando em quando estende, e toca,
E pende atento da sagrada boca.

XLV

Bom ministro (responde) do Piedoso,

[42] Sem piedade, cruel.

Excelso grão Tupá[43], que o céu modera,
Não me vens novo, não: que tive o gozo
De ouvir-te em sonho já, quem ver pudera!
Se a imagem tens, que o sono fabuloso
Há muito que de ti na mente gera!
Serás, disse (e na barba o vai tocando),
Homem com barbas, branco e venerando.

XLVI

Louvores a Tupá, que enfim chegaste;
Que o caminho me ensinas, donde elejo
Buscar logo o grão Deus, que m'anunciaste,
Que desde a infância com ardor desejo:
Nunca soube, assim é, quanto contaste;
Mas não sei como o que ouço e quase vejo
Sentia, como em sombra mal formada;
Não que o cresse ainda assim, mas por toada.

XLVII

Vendo desse universo a mole imensa,
Sem ser de ainda maior entendimento,
Fabricada a não cri; que ele o dispensa,
Tem, rege e guarda, infere o pensamento:
Que repugna à criatura estar suspensa,
Sem último fim ter, notava atento.
E este ente, que me fez um Deus segundo,
É o grão Tupá, fabricador do mundo.

XLVIII

Vi as chagas da própria natureza,
A ignorância, a malícia, a variedade,
E bem reconheci que esta torpeza
Nascer não pode da eternal bondade.
Onde, sem o saber, cri que era acesa
Neste incêndio comum da humanidade
Antiga chama, donde o mal nos veio;
Crer que tais nos fez Deus... eu tal não creio.

---

43 Ou Tupã. Na língua tupi designa o trovão, bem como uma instância divina.

XLIX

Também vi que o grão Deus, que o mundo cria,
Deixar nunca quisera em tanto estrago
A humana natureza; e que a mão pia
De tais misérias ao profundo lago
Havia de estender: como o faria?
Suspenso fiquei sempre incerto e vago;
Mas nunca duvidei que alguém se visse
Que de tantas misérias nos remisse.

L

E como era a maior que exp'rimentava
O ver que livremente o mal seguia;
Que a suprema Bondade se agravava
Donde um homem de bem se agravaria:
Vendo que a afronta, que esta ação causava,
Só se houvera outro Deus, se pagaria;
E impossível mais de um reconhecendo...
Daqui não passo, e cego me suspendo.

LI

Agora sim, que entendo a grã verdade,
Que um só Deus se fez homem sem defeito;
E, sendo três pessoas na Unidade,
Do Filho ao Pai podia haver respeito.
A pessoa segunda da Trindade,
Novo homem, como nós, de terra feito,
A paz do homem com Deus fundar procura,
Redentor pio da mortal criatura.

LII

Este creio, este adoro, este confesso;
E esta santa mensagem venerando,
Por meu Deus e Senhor firme o conheço,
A quem da terra e céu pertence o mando:
Deste o batismo santo hoje te peço,
Onde, na porta celestial entrando,
Suba o espírito à glória que deseja
E com estes meus olhos ainda o veja.

LIII

Disse o ditoso velho; e acompanhando
Com devoto suspiro a voz que exprime,
Bem mostra que no peito o está tocando
A oculta unção do Espírito sublime:
As mãos ao céu levanta lagrimando;
E tanto ardor na face se lhe imprime,
Que acompanhar parece o humilde rogo
Um dilúvio de água e outro de fogo.

LIV

Então o bom ministro: É justo, amigo,
Que chores (lhe dizia) o teu pecado;
Por não amar a Deus; ser-lhe inimigo,
Se o blasfemaste; de o não ter honrado;
De não servir teus pais; de um ódio antigo;
E se não foste honesto, ou tens roubado;
Se em mulher; bens ou fama em caso feio
Fizeste dano, ou cobiçaste o alheio.

LV

Esta a lei santa é, que em nós impressa
Ninguém ofende que mereça escusa;
Onde no que faltaste a Deus confessa,
Que tanto deve quem pecando abusa:
Quer-se a satisfação com a promessa
De melhor vida, no que a lei te acusa;
Pois quem quer que pecou, que assim não faça,
Recebe o sacramento, mas não graça.

LVI

Eu, disse o americano, antes de tudo,
Amei do coração quem ser me dera:
Seu nome ignoro, mas honrá-lo estudo,
E com fé o adorei sempre sincera:
Em certos dias, recolhido e mudo
Cuidava em venerar quem tudo impera,
Matar não quis, nem morto algum comia,
Pois que a mim mo fizessem não queria.

LVII

Mulher tive, mas uma, persuadido
Que com uma se pode; ação impura
Meteu-me sempre horror, tendo entendido
Que só no matrimônio era segura:
Qualquer outro prazer fora proibido,
Porque, se entanto abuso se conjura,
Quem, seguindo este instinto do demônio,
Se pudera lembrar do matrimônio?

LVIII

Nunca roubei, temendo ser roubado;
Por conservar a fama, honrei a alheia:
Não me lembra de ter caluniado,
Nem de outrem disse mal, que é cousa feia;
E quem houvesse de outro murmurado,
Que outro tanto lhe façam certo creia;
Não tive inveja do que alguém consiga,
Por ver que quem a tem seu mal castiga.

LIX

Enfim, corri meus anos desde a infância
Sem ofender (que eu saiba) esta lei justa,
Sem ter à cousa boa repugnância,
Tudo mercê da mão de Deus augusta.
Nos meus males somente a tolerância
Mos fazia passar a menor custa:
Esta a minha ânsia foi, este o meu zelo,
Saber quem era Deus, tratá-lo e vê-lo.

LX

Dizendo o velho assim, tanto se acende,
Como se n'alma se lhe ateara um fogo:
Reclina a humilde fronte e a voz suspende;
E caindo em delíquio[44] neste afogo[45],
Corre o ministro, que ao sucesso[46] atende,

[44] Desmaio.
[45] Afogueamento, ardor.
[46] Na acepção de "aquilo que sucede", "acontecimento".

E buscando água que o batize logo;
Apenas Félix, diz, eu te batismo,
Partiu feliz dum vôo ao paraíso.

LXI

Cuidava em sepultá-lo Auréu saudoso;
Porém de espessa névoa, que o ar condensa,
Ouve um coro entoando harmonioso
Louvor eterno à Majestade imensa:
E na atmosfera ali do ar nebuloso,
Luz arraiando, que a alumia intensa,
Viu Félix, que na glória que o vestia
A graça batismal lhe agradecia.

LXII

Que te conceda Deus, ministro justo,
(Diz-lhe a alma venturosa) o prêmio eterno;
Pois vens do antigo mundo a tanto custo
A libertar-me do poder do inferno.
Dos céus entanto o Dominante augusto
Que tornes manda ao ninho teu paterno,
E sobre a névoa em nuvem levantada
Vás navegando pela aérea estrada.

LXIII

E quer na nuvem própria, que te indico,
Que esse cadáver meu vá transportado,
E na Ilha do Corvo, de alto pico
O vejam numa ponta colocado,
Onde acene ao país do metal rico,
Que o ambicioso europeu vendo indicado,
Dará lugar que ouvida nele seja
A doutrina do céu e a voz da igreja.

LXIV

Disse; e cessando a voz e a visão dela,
Viu da nuvem Auréu, que o rodeava,
Transformar-se a bela alma em clara estrela,
E viu que a nuvem sobre o mar voava:
O cadáver também sublime nela

Ao cume do grão pico já chegava,
Onde a névoa, que no alto se sublima,
Depõe como uma estátua o corpo em cima.

LXV

Ali batido do nevado vento,
De sol, de gelo e chuva penetrado,
Efeito natural, e não portento
É vê-lo, qual se vê, petrificado.
Um arco tem por bélico instrumento,
De pluma um cinto sobre a frente ornado,
Outro onde era decente, em cor vermelho,
Sem pêlo a barba tem, no aspecto é velho.

LXVI

Voltado estava às partes do Ocidente,
Donde o áureo Brasil mostrava a dedo.
Como ensinando à lusitana gente
Que ali devia navegar bem cedo:
Destino foi do céu onipotente,
A fim que sem receio, ou torpe medo,
À piedosa empresa o povo corra,
E que quem morrer nela alegre morra.

LXVII

Calou então Fernando, mas não cala
Na cítara dourada outra harmonia,
Onde parece a mão que também fala,
E que quanto a voz disse repetia:
Saíra entanto um bárbaro a escutá-la,
Que encantado da doce melodia,
Toma nas mãos o músico instrumento,
Toca-o sem arte e salta de contento.

LXVIII

Não pode ver dos nossos o congresso
Tanta rudeza sem tentar-se a riso;
Que por mais que um pesar se tenha impresso,
Não dá lugar a prevenção ao siso:
E, sendo inopinado algum sucesso,

Onde é nos homens quase o rir preciso,
Tal pessoa há que chora apaixonada
E passa do gemido a uma risada.

LXIX

Diogo então, que dentro em si media
Da cruel gente a condição danosa,
Não sossega de noite nem de dia,
Antevendo a desgraça lastimosa:
E, vendo rir os mais com alegria,
Pela ação do salvagem graciosa,
Estranhou-lhe o prazer mal concebido,
Arrancando do peito este gemido.

LXX

Oh triste condição da humana vida,
Que tanto em breve do seu mal se esquece;
Pois vendo a liberdade enfim perdida,
Sentimos menos quando a dor mais cresce:
Vemos desd'a água às praias despedida
A infeliz gente que no mar perece,
E que o brutal gentio na mesm'hora,
Ainda bem os não vê, logo os devora.

LXXI

Quem sabe se o cuidado que destina
Pôr-nos assim mimosos de sustento
Não é por ter de nós grata chacina
Nesse horrível, barbárico alimento?
Tanta atenção que têm mal se combina,
Sem mostrar-se o maligno pensamento;
Que quem os próprios mortos brutal come
Como é crível que aos vivos mate à fome?

LXXII

Tempo fora, afligidos companheiros,
De levantar dos céus ao Rei supremo
Humildes vozes, votos verdadeiros
Como quem luta no perigo extremo:
Mas vós que agora rides prazenteiros,

Oh quanto, amigos meus, oh quanto temo
Que essa gente cruel só nos namore,
Por cevar mais a presa que devore!

LXXIII

Voltemos antes com fervor piedoso
Os tristes olhos ao etéreo espaço,
Esperando de Deus um fim ditoso,
Onde a morte se avista a cada passo.
Contrito o peito, o coração choroso,
Implore a proteção do excelso braço;
Que o coração me diz que, por desdita,
O cruel sacrifício se medita.

LXXIV

Enquanto assim dizia, o herói prudente,
Comovido qualquer do temor justo,
Levanta humilde as mãos ao céu clemente,
Vendo o futuro com pressago[47] susto:
Já cuida a cruel morte ver presente;
Já vê sobre a cabeça o golpe injusto;
Batem no peito e, levantando as palmas,
Fazem vítima a Deus das próprias almas.

LXXV

Já numerosa turba às praias vinha
E os seis levam ao corro[48] miserando,
Onde a plebe cruel formada tinha
A pompa do espetáculo execrando:
E mal a gente bruta se continha,
Que, enquanto as tristes mãos lhe vão ligando
No humano corpo, pelo susto exangue
Não vão vivo sorvendo o infeliz sangue.

LXXVI

Qual se da Líbia pelo campo estende
O mouro caçador um leão vasto,

---

[47] Cheio de presságios.

[48] O lugar em que serão mortos, arena.

Em longa nuvem devorá-lo empreende
O sagaz corvo sempre atento ao pasto:
Negro parece o chão; negra, onde pende
A planta, em que do sangue explora o rasto;
Até que avista a presa e em chusma[49] voa,
Nem deixa parte, que voraz não roa.

LXXVII

Tal do caboclo foi a fúria infanda,
E o fanatismo, que na mente o cega,
Faz que tendo esta ação por veneranda,
Invoque o grão Tupá, que o raio emprega.
No meio vê-se que em mil voltas anda
O eleito matador, como quem prega
A brados, exortando o povo insano
A ensopar toda a mão no sangue humano.

LXXVIII

À roda, à roda, a multidão fremente
Com gritos corresponde à infame idéia;
Enquanto o fero em gesto de valente
Bate o pé, fere o ar e um pau meneia.
Ergue-se um e outro lenho, onde o paciente
Entre prisões de embira[50] se encadeia;
Fogo se acende nos profundos fossos,
Em que se torrem com a carne os ossos.

LXXIX

Dentro de uma estacada extensa e vasta,
Que a numerosa plebe em torno borda,
Entram os principais de cada casta
Com belas plumas, onde a cor discorda;
Outros, que a grenha[51] têm com feral pasta
Do sangue humano, que ao matar transborda,

---

[49] Em bando, em grande quantidade.

[50] "Embira" se origina da palavra tupi "ê'bira", nome geral de várias espécies arbustivas, a partir das quais se faz boa fibra e cipó. A palavra deu origem à expressão "meter nas embiras", cujo sentido é "recolher/amarrar o preso".

[51] Basta e desgrenhada cabeleira.

Os nigromantes[52] são, que em vão conjuro,
Chamam as sombras desde o averno[53] escuro.

LXXX

Companheiras de ofício tão nefando,
Seguem de um cabo a turma e, de outro cabo,
Seis torpíssimas velhas, aparando
O sangue sem um leve menoscabo:
Tão feias são, que a face está pintando
A imagem propriíssima do Diabo;
Tinto o corpo em verniz todo amarelo,
Rosto tal, que a Medusa o faz ter belo.

LXXXI

Têm no colo as cruéis sacerdotisas,
Por conta dos funestos sacrifícios,
Fios de dentes[54], que lhe são divisas
De mais ou menos tempo em tais ofícios:
Gratas ao céu se crêem, de que indivisas
Se inculcam por tartáreos[55] malefícios
E em testemunho do mister nefando,
Nos seus cocos com facas vêm tocando.

LXXXII

Quem pode reputar que dor trespassa
A miseranda, infausta companhia,
Vendo tais feras rodear a praça,
Que o sangue com os olhos lhe bebia?
Ver que os dentes lhe range por negaça,
Senão é que os agita a fome impia,
E dizer lá consigo: "Em poucas horas
Sou pasto destas feras tragadoras".

LXXXIII

Mas põe-lhe a vista o Padre Onipotente,

---

[52] Praticantes da necromancia, invocação de espíritos.

[53] Inferno.

[54] Colares de dentes.

[55] Infernais.

Da desgraça cruel compadecido,
E envia um anjo desde o Céu clemente,
Que deixe tanto horror desvanecido
E faça que o espetáculo presente
Venha por fim a ser sonho fingido;
Que quem recorre ao Céu no mal que geme,
Logo que teme a Deus, nada mais teme.

LXXXIV

Seis então dos infames nigromantes
Lançaram mão das vítimas pacientes,
E os seis lenhos fatais, que ergueram dantes,
Atam cruéis as mãos dos inocentes:
Postos no Céu os olhos lagrimantes,
Com lembrar-se das penas veementes
Que sofreu Deus na cruz, nele fiados
Pediam-lhe o perdão dos seus pecados.

LXXXV

Fernando ali, que em discrição precede,
Com voz sonora a companhia anima;
Cheio de viva fé, socorro pede;
E, quando a dor permite que se exprima:
Grão Senhor (diz) de quem tudo procede
A glória, a pena, a confusão e a estima,
Que justo dás as graças e os castigos,
Na dor alívio, amparo nos perigos.

LXXXVI

Vida não peço aqui, morte não temo,
Nem menos choro o caso desgraçado;
O que me dói, que sinto, o que só gemo
É, piedoso Deus, o meu pecado:
Feliz serei, Grão Padre, se no extremo
For da tua bondade perdoado,
Pelo cálix amargo que aqui bebo,
Pela morte cruel que hoje recebo.

LXXXVII

Mas, grande Deus, que vês nossa fraqueza

No duro transe desta cruel hora,
Não sofras que essas feras com crueza
Hajam de devorar a quem te adora:
Porque estremece a frágil natureza
Vendo a gula brutal, que empreende agora
Sacrifício fazer ao torpe abismo
Destas carnes tingidas no batismo.

LXXXVIII

Ouviu o Céu piedoso a infeliz gente;
E quando o fero a maça já levanta,
Que esmague a fronte ao mísero paciente,
Trovão se ouve fatal, que tudo espanta:
Treme a montanha e cai a roca[56] ingente[57],
E na ruína as árvores quebranta;
Mas o que mais os brutos confundia,
Era o rumor marcial, que então se ouvia.

LXXXIX

Pedras, frechas e dardos de arremesso
Cobriam todo o ar; porque o inimigo,
Que atrás se pôs de um próximo cabeço[58],
Aguarda expressamente aquele artigo:
De um lado e outro deste um mato espesso
Ameaça o furor, cerca o perigo;
E a gente crua, transformada a sorte,
Quando cuidou matar, padece a morte.

XC

Era Sergipe, o príncipe valente
Na esquadra valerosa[59], que atacava;
Varão entre os seus bom, manso e prudente,
Que com justiça os povos comandava:
Armava o forte chefe de presente
Contra Gupeva, que cruel reinava

---

[56] Rocha.

[57] Enorme.

[58] Pequeno monte.

[59] Valorosa.

Sobre as aldeias, que em tal tempo havia
No Recôncavo ameno da Bahia.

XCI

Por toda parte o bahiense é preso;
É trucidado o bruto nigromante,
Muitos lançados são no fogo aceso,
Rendem-se os mais ao vencedor possante[60]:
Ficara em vida, todavia, ileso
O mísero europeu, que ali em flagrante
Faz desatar o bom Sergipe e manda
À escravidão no seu país mais branda.

XCII

Mas a gente infeliz, no sertão vasto,
Por matos e montanhas dividida,
É fama que uns de tigres foram pasto,
Outra parte dos bárbaros comida:
Nem mais houve notícia ou leve rasto
Como houvessem perdido a amada vida;
Mas há boa suspeita e firme indício
Que evadiram o infame sacrifício.

[60] Poderoso.

CANTO II

I

Era a hora em que o Sol na grã carreira
Do tórrido zenith[1] vibra igualmente,
E que a sombra dos corpos companheira
Na terra extingue com o raio ardente,
Quando ao partir a turba carniceira,
Se viu Diogo só na praia ingente,
Entre mil pensamentos, mil terrores,
Que a dor faz grandes e o temor maiores.

II

Parecia-lhe ver da gente insana
O bárbaro furor, a fome crua,
A agonia dos seus na ação tirana,
E temendo a dos mais, presume a sua:
Quisera opor-se à empresa desumana,
Pensa em arbítrios mil com que o conclua:
Se fugirá? mas donde? se os invada?
Porém, enfermo e só, não vale a nada.

III

Oh! mil vezes (dizia) afortunados
Os que entregues à fúria do elemento
Acabaram seus dias sossegados,
Nem viram tanta dor, como experimento[2]!
Que estavam finalmente a mim guardados
Este espanto, este horror, este tormento!
Que escapei (Santos Céus!) desse mar vasto
Para a feras servir de horrível pasto!

---

[1] Zênite; Sol a pino.

[2] Em algumas edições lê-se a forma sincopada, "exp'rimento". Seguimos outras edições (como as de 1836, 1845, e 1913), que optaram pela forma "experimento"; neste caso, o verso tem onze sílabas.

IV

E hei de agora (infeliz!) ver fraco e inerme[3],
Que dos meus vá fazer um pasto horrendo
Essa patrulha vil! que agora enferme!
Que me veja sem força em febre ardendo!
Ah! se pudera em meu vigor já ver-me!
Que ardor sinto em meu peito de ir rompendo
E a turba vil fazendo em mil pedaços,
Truncar pescoços, mãos, cabeças, braços.

V

Não pode (é certo) a débil natureza;
Porém que esperas mais, mísero Diogo?
Que pode resultar de forte empresa?
Será mal morrer já, se há de ser logo?
Faltam-me as forças, sim, sinto a fraqueza:
Mal o espírito o supre e neste afogo
Tira forças ocultas da nossa alma,
Que ela não mostra ter, vivendo em calma.

VI

E como quer enfim que o mande a sorte,
Morra-se que talvez se não desuna
O sucesso feliz de uma ação forte,
Que acaso um temerário achou fortuna;
E quando irado o céu me envie a morte,
E que a mão do Senhor meus erros puna,
Recebo o golpe, que me for mandado,
Morrerei, assim é, porém vingado.

VII

Nem deixo de esperar que a gente bruta,
Vendo o estrago da espada e do mosquete,
Não se encha de pavor na estranha luta
E força maior creia que a acomete:
Se tomo as armas, que salvei na gruta,
Escudo, cota, malha e capacete,
Posso esperar que um só me não resista,

[3] Desarmado, sem defesa.

E antes que o ferro mos submeta a vista.

VIII

Disse; e entrando na sólita[4] caverna,
Cobre de ferro a valerosa fronte;
Um peito d'aço de firmeza eterna
E o escudo, onde a frecha se desponte.
Dispõe de modo e em forma tal governa,
Que nada tema já que em campo o afronte:
Nas mãos de ferro tinha uma alabarda[5],
A espada à cinta, aos ombros a espingarda.

IX

Saía assim da gruta, quando o monte
Coberto vê de bárbara caterva[6];
E no que infere da turbada fronte,
Sinais de fuga e de derrota observa:
A algum obriga o medo a que transmonte,
Outros se escondem pelo mato ou erva,
Muitos fugindo vêm com medo à morte,
Crendo achar na caverna um lugar forte.

X

Mas o prudente Diogo, que entendia
Não pouca parte do idioma escuro,
Por alguns meses em que atento o ouvia,
Elege um posto a combater seguro:
Atento a toda a voz que ouvir podia,
Por escutar dos seus o caso duro,
Entre esperanças e receio intenso,
Sem susto estava, sim, porém suspenso.

XI

Gupeva então, que aos mais se adiantava,
Vendo das armas o medonho vulto,

---

[4] Costumeira.

[5] Arma antiga, composta por uma longa haste de madeira rematada com ferro largo e pontiagudo, cruzado por um outro, com formato de meia-lua.

[6] Multidão, corja.

Incerto do que vê, suspenso estava,
Nem mais se lembra do inimigo insulto;
Algum dos anhangás[7] imaginava
Que dentro ao grão fantasma vinha oculto,
E à vista do espetáculo estupendo
Caiu por terra o mísero tremendo.

XII

Caiu com ele junta a bruta gente,
Nem sabe o que imagine da figura,
Vendo-a brandir com a alabarda ingente[8]
E olhando ao morrião[9], que o transfigura:
Ouve-se um rouco tom de voz fremente,
Com que espantá-los mais o herói procura;
E porque temam de maior ruína,
Faz-lhe a voz mais horrenda uma buzina.

XIII

Entanto a gente bárbara, prostrada,
Tão fora de si está, por cobardia,
Que sem sentido, estúpida, assombrada,
Só mostra viva estar, porque tremia:
Quais verdes varas de árvore copada,
Se assopra a viração do meio-dia,
De uma parte à outra parte se maneiam,
Assim de medo os vis no chão perneiam.

XIV

Mas Diogo, naqueles intervalos,
Suspendendo o furor do duro Marte,
Esperança concebe de amansá-los,
Uma vez com terror, outra com arte:
A viseira levanta e vai buscá-los,
Mostrando-se risonho em toda parte:
Levantai-vos (lhes diz) e assim dizendo,
Ia-os co'a própria mão da terra erguendo.

---

[7] Espíritos maus, na língua indígena.
[8] Na acepção de retumbante.
[9] Antigo capacete.

XV

Gupeva, que no traje mais distinto
Parecia na turba do seu povo
O principal no mando, meio extinto
Pelo horror de espetáculo tão novo,
Tremendo, em pé ficou sem voz e instinto,
E caíra sem dúvida de novo,
Se nos braços Diogo o não tomara
E d'água ali corrente o borrifara.

XVI

Não temas (disse afável), cobra alento;
E suprindo-lhe acenos o idioma,
Dá-lhe a entender que todo esse armamento
Protege amigos, se inimigos doma:
Que os não ofende o bélico instrumento,
Quando de humana carne algum não coma;
Que, se a comerdes, tudo em cinza ponho...
E isto dizendo, bate o pé, medonho.

XVII

Toma nas mãos (lhe diz), verás que nada
Te hão de fazer de mal; e assim falando,
Põe-lhe na mão a partasana[10] e espada
E vai-lhe à fronte o morrião lançando.
Diminui-se o horror na alma assombrada
E vai-se pouco a pouco recobrando,
Até que a si tornando reconhece
Donde está, com quem fala e o que lhe oferece[11].

XVIII

Se d'além das montanhas cá te envia
O grão Tupá (lhe diz), que em nuvem negra
Escurece com sombra o claro dia,
E manda o claro Sol, que o mundo alegra;
Se vens donde o Sol dorme e se à Bahia

---

[10] Alabarda.

[11] Algumas edições trazem a forma sincopada "of'rece".

De alguma nova lei trazes a regra,
Acharás, se gostares, na cabana,
Mulheres, caça, peixe e carne humana.

XIX

A carne humana! (replicou Diogo,
E como pode, explica em voz e aceno)
Se vir que come algum, botarei fogo,
Farei que inunde em sangue esse terreno.
Pois se os bichos nos devem comer logo,
(O bárbaro lhe opõe com desempeno[12])
A nós faz-nos horror se eles nos comem,
E é menos triste que nos trague um homem.

XX

O corpo humano (disse o herói, prudente);
Como o brutal não é: desde que nasce,
É morada do espírito eminente,
Em quem do grão Tupá se imita a face.
Sepulta-se na terra, qual semente
Que se não apodrece, não renasce.
Tempo virá que, aos corpos reunida,
Torne a nossa alma a respirar com vida.

XXI

O lume da razão condena a empresa;
Pois se o infando apetite o gosto adula,
Para extinguir a humana natureza,
Sem mais contrários, bastaria a gula.
Que se a malícia em vós ou se a rudeza
O instinto universal de todo anula,
É contudo entre os mais cousa temida
Que outrem, por vos comer, vos tire a vida.

XXII

Disse Diogo, e conduzia à gruta
O principal da bárbara caterva,
Que ali seguido pela gente bruta,

[12] Com desembaraço.

O lugar conhecido, atento, observa.
Gupeva a tudo atende e tudo escuta;
Mas sempre o horror, que concebeu, conserva;
E olhando as armas, sem que a mais se arroje,
Chega com a mão furtiva, apalpa e foge.

XXIII

Vinha a noite já então seu negro manto
Despregando na lúcida atmosfera,
Quando buscam sossego ao seu quebranto
No ninho as aves e na toca a fera:
E quando o sono com suave encanto,
Aos míseros mortais a dor modera;
Mas não modera em Diogo a mordaz cura
De amansar o furor da gente dura.

XXIV

Por dissipar na gruta a sombra fria,
Toma o férreo fuzil, que o fogo ateia,
E vendo a rude gente que o acendia
E brilhar de improviso uma candeia,
Notando a pronta luz que no óleo ardia,
Não acaba de o crer, de assombro cheia.
Crêem portanto que o fogo do céu nasça
Ou que Diogo nas mãos nascê-lo faça.

XXV

Era costume do selvagem rude
Roçar um lenho noutro com tal jeito,
Que vinha por elétrica virtude
A acender lume, mas com tardo efeito.
Mas observando, sem que o lenho ajude,
Em menos de um momento o fogo feito,
O mesmo imaginou que a Grécia creu,
Quando viu ferir fogo a Prometeu.

XXVI

Acesa a luz na lôbrega[13] caverna,

---

[13] Lúgubre.

Vê-se o que Diogo ali da nau levara:
Roupas, armas e, em parte mais interna,
A pólvora em barris, que transportara:
Tudo vão vendo à luz de uma lanterna,
Sem que o apeteça a gente nada avara,
Ouro e prata, que a inveja não lhe atiça.
Nação feliz! que ignora o que é cobiça.

XXVII

Mas entre objetos vários a que atende,
Nota Gupeva extático a pintura,
Que num precioso quadro[14], que ali pende,
Representava a Mãe da formosura:
Se seja cousa viva não entende,
Mas suspeitava bem pela figura
Digna a pessoa, de que a imagem era,
De ser mãe de Tupá, se ele a tivera.

XXVIII

Esta (pergunta o bárbaro) tão bela,
Tão linda face, acaso representa
Alguma formosíssima donzela,
Que esposa o grão Tupá fazer intenta?
Ou porventura que nascesse dela
Esse, que sobre os céus no Sol se assenta?
Quem pode geração saber tão alta?
Mas se há mãe que o gerasse, esta é sem falta.

XXIX

Encantado está o pio lusitano
De ouvir em rude boca tal verdade;
E adorando o mistério soberano,
Mãe ter não pode (disse) a divindade.
Mas sendo Deus eterno, fez-se humano,
E sem lesão da própria virgindade
A donzela o gerou, que pisa a lua,
Digna mãe de Tupá, mãe minha e tua.

---

[14] Esse quadro, trazido por Diogo, era uma representação da Virgem Maria.

XXX

Peçamos, pois que é mãe, que nos defenda;
Que te dê para ouvir dócil orelha
E contigo o teu povo recomenda:
Dizendo o herói assim, devoto ajoelha.
Gupeva o mesmo faz com fé estupenda;
E pendente de Diogo, que o aconselha,
Levanta as mãos, como ele levantava,
E vendo-o lagrimar, também chorava.

XXXI

Mas crendo rude, como então vivia,
Que fosse cousa viva a imagem santa,
Que por mãe de Tupá tudo sabia,
Tendo poder conforme a glória tanta,
Repete o que ouve a Diogo com voz pia
E à mãe de Deus o coração levanta:
E encostando entre os rogos a cabeça,
Faz a noite e o desvelo que adormeça.

XXXII

Já no purpúreo e trêmulo horizonte,
Rosas parece que espalhava a aurora,
E o Sol que nasce sobre o oposto monte,
A bela luz derrama criadora:
Ouvem-se as avezinhas junto à fonte,
Saudando a manhã com voz sonora;
E os mortais, já do sono desatados
Tornavam novamente aos seus cuidados.

XXXIII

Quando Gupeva, manso e diferente
Do que antes fora na fereza bruta,
Convoca a ouvi-lo a multidão fremente,
Que à roda estava da profunda gruta:
Posto no meio da confusa gente,
Que toda dele pende e atenta escuta:
Valentes paiaiás[15] (diz desta sorte)

---

[15] Tratamento honorífico na língua indígena, que significa "nobres", "senhores".

Que herdais o brio da prosápia[16] forte.

XXXIV

Se ontem do vil Sergipe surpreendidos,
Vimos o grão terreiro posto a saco[17],
Fomos cercados, sim, mas não vencidos;
Não foi vitória, foi traição de um fraco.
Sabia bem por golpes repetidos,
Com quanto esforço na peleja ataco;
E como sem traição faria nada,
Não tendo eu armas, vêm com mão armada.

XXXV

Sombra do grão Tatu, de quem me ferve
Nestas veias o sangue, de quem trago
A invicta geração, que em guerra serve
De espanto a todos, de terror, de estrago:
Porque a glória a teu nome se conserve
E porque a cante da Bahia o lago,
Mandas de lá de donde o mundo acaba
Para o nosso socorro este Imboaba[18].

XXXVI

Tu lhe mudaste em ferro a carne branda,
Tu fazes que na mão lhe acenda e lhe arda
A viva chama, que Tupá nos manda,
Tupá que rege o céu, que o mundo guarda.
Com ele hei de vencer por qualquer banda,
Com ele em campo armado, já me tarda
O cobarde inimigo, que a encontrá-lo
Vivo, vivo me animo a devorá-lo.

XXXVII

Sabeis, tapuias meus, como morrendo
Nossos irmãos e pais, que eles matavam,
Postos debaixo já do golpe horrendo,

---

[16] Raça, linhagem.

[17] Pilhagem.

[18] Era assim que os indígenas designavam os europeus.

Vosso nome a os vingar tristes chamavam.
Também vistes na guerra combatendo,
Que estrago neles estas mãos causavam,
E as vezes que vos dei no campo vasto
Mil e mil deles por saboroso[19] pasto.

XXXVIII

Mas não come o estrangeiro, nem consente
Comer-se carne humana; e só teria
Outra carne qualquer por inocente,
Aves, feras, tatus, paca ou cotia;
Receba, pois, de nós grato presente
De quanto houver nos matos da Bahia;
Saia-se à caça; e como lhe compete,
Prepare-se a hospedagem de um banquete.

XXXIX

Separa-se o congresso em breve espaço,
Dispõe-se em alas numerosa tropa:
Quem com taquaras donde pende o laço
Onde a avezinha cai, se incauta o topa:
Quem dos ombros suspende e quem do braço
Armadilha diferentes[20]; outro ensopa
Em visgo as longas ramas do palmito,
Onde imprórvido[21] caia o periquito.

XL

Os mais com frecha vão, que a um tempo seja
Tiro, que ofenda a fugitiva caça;
Ou armas (se ocorresse) na peleja,
Quando o inimigo de emboscada a faça:
E porque aos mais presida e tudo veja,
À frente do esquadrão Gupeva passa;
Nem fica Diogo só, que tudo via,
Mas segue armado a forte companhia.

---

[19] Algumas edições registram "sab'roso".

[20] Em algumas edições lê-se a forma sincopada, "dif'rentes". A edição de 1913 (que adotamos) preferiu "diferentes", passando o verso a ter onze sílabas.

[21] Negligente.

XLI

Mais arma não levou que uma espingarda;
E posto ao lado de Gupeva amigo,
Pronto a todo o acidente e posto em guarda,
Traz na cautela o escudo ao seu perigo.
Entanto a destra gente a caça aguarda,
E algum se afouta[22] a penetrar no abrigo
Onde esconde a pantera os seus cachorros,
Outro a segue por brenhas e por morros.

XLII

Até que de Gupeva comandada,
Em círculo se forma a linha unido,
Onde quanto há de caça já espantada,
Fique no meio de um cordão cingido:
A rês ali do estrondo amedrontada,
Num centro está de espaço reduzido;
À mão mesmo se colhe: cousa bela!
Que dá mais gosto ver, do que comê-la.

XLIII

Não era assim nas aves fugitivas,
Que umas frechava no ar, e outras em laços
Com arte o caçador tomava vivas:
Uma, porém, nos líquidos espaços
Faz com a pluma as setas pouco ativas,
Deixando a lisa pena os golpes lassos.
Toma-a de mira Diogo e o ponto aguarda:
Dá-lhe um tiro e derriba-a co'a espingarda.

XLIV

Estando a turba longe de cuidá-lo,
Fica o bárbaro ao golpe estremecido
E cai por terra no tremendo abalo
Da chama, do fracasso e do estampido:
Qual do hórrido trovão com raio e estalo
Algum junto aquém cai, fica aturdido,
Tal Gupeva ficou, crendo formada

[22] Arrisca-se.

No arcabuz de Diogo uma trovoada.

XLV

Toda em terra prostrada, exclama e grita
A turba rude em mísero desmaio,
E faz o horror que estúpida repita
"Tupá, Caramuru", temendo um raio.
Pretendem ter por Deus, quando o permita,
O que estão vendo em pavoroso ensaio,
Entre horríveis trovões do márcio[23] jogo,
Vomitar chamas e abrasar com fogo.

XLVI

Desde esse dia, é fama que por nome
Do grão Caramuru foi celebrado
O forte Diogo; e que escutado dome
Este apelido o bárbaro espantado:
Indicava o Brasil no sobrenome,
Que era um dragão dos mares vomitado;
Nem doutra arte entre nós a antiga idade
Tem Jove, Apolo e Marte por deidade.

XLVII

Foram qual hoje o rude americano
O valente romano, o sábio argivo[24];
Nem foi de Salmoneu[25] mais torpe o engano,
Do que outro rei fizera em Creta altivo.
Nós que zombamos deste povo insano,
Se bem cavarmos no solar nativo,
Dos antigos heróis dentro às imagens
Não acharemos mais que outros salvagens.

XLVIII

É fácil propensão na brutal gente,
Quando em vida ferina admira uma arte,

---

[23] Adjetivo derivado de Marte, o deus da guerra, que significa "aguerrido".

[24] O cidadão de Argos, cidade da Grécia antiga.

[25] Nota da edição de 1878: "Este príncipe pretendia imitar o raio para espantar os gregos, então bárbaros, e semelhantes aos nossos brasilienses. Tanto se pode crer do rei de Creta, que aqueles insulares chamaram Júpiter".

Chamar um fabro[26] a Deus da forja ingente,
Dar ao guerreiro a fama de um deus Marte:
Ou talvez por sulfúreo[27] fogo ardente,
Tanto Jove se ouviu por toda a parte;
Hércules e Teseus, Jasões no Ponto
Seriam cousas tais como as que eu conto.

XLIX

Quanto merece mais que em douta lira
Se cante por herói quem, pio e justo,
Onde a cega nação tanto delira,
Reduz à humanidade um povo injusto?
Se por herói no mundo só se admira
Quem tirano ganhava um nome Augusto,
Quanto o será maior que o vil tirano
Quem nas feras infunde um peito humano?

L

Tal pensamento então n'alma volvia
O grão Caramuru, vendo prostrada
A rude multidão, que Deus o cria
E que espera desta arte achar domada:
Política infeliz da idolatria,
Donde a antiga cegueira foi causada;
Mas Diogo, que abomina o feio insulto,
Quando aumenta o terror, recusa o culto.

LI

De Tupá sou (lhe disse) onipotente
Humilde escravo e como vós me humilho;
Mas do horrendo trovão, que arrojo ardente,
Este raio vos mostra que eu sou filho.
(Disse e outra vez dispara em continente[28])
Do meio do relâmpago, em que brilho,
Abrasarei qualquer, que ainda se atreva
A negar a obediência ao grão Gupeva.

---

[26] Operário.
[27] Que contém enxofre.
[28] Incontinenti, imediatamente.

LII

Deu logo a amiga mão com grato aspecto
Ao mísero Gupeva, que, convulso
No horror daquele ignívomo prospecto[29],
Jazia sem sentido e já sem pulso:
Não temas (diz-lhe), amigo, que eu prometo
Que de meu braço se não mova impulso,
Senão contra quem for tão temerário
Que sendo-te eu amigo, é teu contrário.

LIII

Recobra o bom Gupeva um novo alento,
Sentindo a grata mão que à vida o chama;
Nem pode duvidar pelo exp'rimento
De quanto Diogo com fineza o ama;
Mas, sempre com receio do instrumento,
Teme que outra vez lance a horrível chama;
E deixa-o no erro Diogo, a fim que incerto,
Nenhum pelo pavor se chegue ao perto.

LIV

Mas, por deixar incerta a gente infida[30],
Dá-lhe astuto o arcabuz que não tem carga:
E quem (diz) é fiel, pode com vida
Tê-lo na mão sem hórrida descarga;
Porém, se algum faltasse à fé devida,
Sentirá da traição por pena amarga,
Com próprio dano seu, com mortal risco,
Relâmpago e trovão, fogo e corisco.

LV

Que eu acordado esteja, ou que adormeça,
Vigia em guarda minha o fogo oculto,
E a traição pagará com a cabeça
Quem tentasse fazer-me um leve insulto.
Porém se eu mal não quero que aconteça,
Pode um menino, como pode o adulto,

---

[29] Visão, panorama.

[30] Infiel.

E o mais fraco que houver na vossa gente,
Ter o trovão nas mãos sem que arrebente.

LVI

Porém guardai-vos vós, que só no peito,
Só n'alma que tenhais tenção malina[31],
Vereis que trovão faz por meu respeito
E que vem no estampido a vossa ruína.
Treme Gupeva, ouvindo este conceito,
E humilde a fronte ao grão Diogo inclina,
Certo de não faltar na fé que rende,
Donde o raio e trovão crê que depende.

LVII

Convoca entanto o principal temido
As esquadras da turba, então dispersa,
E ao grão Caramuru pede rendido
Que eleja casa no país diversa:
E que a gruta deixando, suba unido
Onde em vasta cabana o povo versa;
Nem duvide que a gente fera e brava
O sirva humilde e se sujeite escrava.

LVIII

No Recôncavo ameno um posto havia
De troncos imortais cercado à roda,
Trincheira natural com que impedia
A quem quer penetrá-lo a entrada toda:
Um plano vasto no seu centro abria
Aonde, edificando à pátria moda,
De troncos, varas, ramos, vimes, canas
Formaram, como em quadro, oito cabanas.

LIX

Qualquer delas com mole volumosa
Corre direta em linhas paralelas;
E mais comprida aos lados que espaçosa,
Não tem paredes ou colunas belas:

---

[31] Maligna.

Um ângulo no cume a faz vistosa,
E coberta de palmas amarelas,
Sobre árvores se estriba, altas e boas,
De seiscentas capaz, ou mil pessoas.

LX

Qual o velho Noé na imensa barca,
Que a bárbara cabana em tudo imita,
Ferozes animais próvido embarca,
Onde a turba brutal tranqüila habita:
Tal o rude tapuia na grand'arca;
Ali dorme, ali come, ali medita,
Ali se faz humano e, de amor mole,
Alimenta a mulher e afaga a prole.

LXI

Dentro da grã choupana a cada passo
Pende de lenho a lenho a rede extensa;
Ali descanso toma o corpo lasso,
Ali se esconde a marital licença:
Repousa a filha no materno abraço
Em rede especial, que tem suspensa;
Nenhum se vê (que é raro) em tal vivenda
Que a mulher de outrem nem que à filha ofenda.

LXII

Ali chegando a esposa fecundada
A termo já feliz, nunca se omite
De pôr na rede o pai a prole amada,
Onde o amigo e parente o felicite:
E como se a mulher sofrera nada,
Tudo ao pai reclinado então se admite.
Qual fora, tendo sido em modo sério
Seu próprio e não das mães o puerpério[32].

LXIII

Quando na rede encosta o tenro infante,

---

[32] O sentido geral desses versos é que todos felicitavam apenas o pai, como se ele tivesse parido, e não a mãe.

Pinta-o de negro todo e de vermelho;
Um pequeno arco põe, frecha volante,
E um bom cutelo ao lado; e, em tom de velho,
Com discurso patético e zelante,
Vai-lhe inspirando o paternal conselho;
Seja forte, diz (como se o ouvisse),
Que se saiba vingar, que não fugisse.

LXIV

Dá-lhe depois o nome, que apropria
Por semelhança que ao infante iguala,
Ou com que o espera célebre algum dia,
Senão é por defeito que o assinala:
A algum na fronte o nome se imprimia,
Ou pintam no verniz, que tem por gala;
E segundo a figura se lhe observa,
Dão-lhe o nome de fera, fruto ou erva.

LXV

Trabalha entanto a mãe sem nova cura,
Quando o parto conclui, e em tempo breve,
Sem mais arte que a próvida[33] natura,
Sente-se lesta[34] e sã, robusta e leve:
Feliz gente, se unisse com fé pura
A sóbria educação, que simples teve!
Que o que a nós nos faz fracos, sempre estimo,
Que é, mais que pena ou dor, melindre e mimo.

LXVI

Vai com o adulto filho à caça ou pesca
O solícito pai pelo alimento;
O peixe à mulher traz e a carne fresca
E à tenra prole a fruta por sustento:
A nova provisão sempre refresca
E dá nesta fadiga documento,
Que quem nega o sustento a quem deu vida,
Quis ser pai, por fazer-se um parricida.

---

33 Abundante.
34 Ágil.

LXVII

Que se acontece que a enfermar se venha,
Concorre com piedade a turba amiga;
E por dar-lhe um remédio, que convenha,
Consultam-no entre si com gente antiga:
Buscam quem de erva saiba ou cura tenha,
Que possa dar alívio ao que periga,
Ou talvez sangram, numa febre ardente,
Servindo de lanceta um fino dente.

LXVIII

Mas vendo-se o mortal já na agonia,
Sem ter para o remédio outra esperança,
Estima a bruta gente ação mui pia,
Tirar-lhe a vida com a maça ou lança:
Se morre o tenro filho, a mãe seria
Estimada cruel, quando a criança,
Que pouco antes ao mundo dela veio,
Não torna ao seu lugar no próprio seio.

LXIX

Tal era o povo rude, e tal usança[35]
Se lhe vê praticar no vício iluso[36]:
Tudo nota Diogo, na esperança
De corrigir por fim tão cego abuso.
No lugar da cabana, em que descansa
Menos da gente e multidão confuso,
Põe-lhe a rede Gupeva que o convida
De rica e mole pluma entretecida.

LXX

Mas eis que um grande número o rodeia
De emplumados, feíssimos salvagens;
Ouve-se a casa de clamores cheia,
Costume antigo seu nas hospedagens.
Qualquer chegar-se a Diogo ainda receia,
Por ter visto as horríficas passagens;

---

[35] Uso.
[36] Ilusório.

Mas "mair ma apadu" de longe explicam,
E "bem vindo o estrangeiro" significam.

LXXI

Por costumado obséquio os mais luzidos
Tomam Diogo nos braços; e no peito
A frente lhe apertavam, comedidos:
Sinal entre eles do hospital[37] respeito.
Tiram-lhe em pressa as roupas e vestidos,
E pondo-o sobre a rede, como um leito,
Sem mais dizer-lhe nada e sem ouvi-lo,
Tudo se afasta e deixam-no tranqüilo.

LXXII

Com maior cerimônia outra visita
Festiva celebrava o seu cortejo;
Femínea turba, que o costume incita
A oferecer-se, honesta ao seu desejo;
Senta-se sobre os pés e felicita,
Cobrindo o rosto a mão, como por pejo;
Vestidas vêm de folhas tão brilhantes,
Que o que falta ao valor, têm de galantes.

LXXIII

Parece ser da mesa o dispenseiro
Um salvagem que o nome lhe pergunta:
Se tem fome, lhe diz, ou se primeiro
Quereria beber? e logo junta,
Sem mais resposta ouvir, sobre o terreiro
A comida que trouxe em cópia munta[38].
Põe-se-lhe uiçu de peixe e carne crua
E o mimoso cauim, que é paixão sua[39].

LXXIV

Todos com gula comem furiosa,
Sem olhar, sem falar, nem distrair-se,

---

[37] Na acepção de hospitaleiro.

[38] Muita.

[39] Nota da edição de 1878: Uiçu é "Farinha a que reduzem a carne torrada ou o peixe. Cauim, bebida semelhante à que já dissemos de catimpoeira".

Tanto se absorvem na paixão gulosa,
Que mal pudera ao vê-los distinguir-se
Se são feras ou homens. Vergonhosa,
Triste miséria humana! confundir-se
Um peito racional c'um bruto feio
No horrendo vício donde o mal nos veio.

LXXV

Acabada a comida, a turba bruta
O "estrangeiro bem vindo" outra vez grita;
E a tropa feminina, que isto escuta,
Cobre as faces co'as mãos e o pranto imita:
Gupeva pois que o hóspede reputa
Causa do seu prazer e autor da dita,
O sacro fogo à roda lhe ateava,
Cerimônia hospital, que o povo usava.

LXXVI

Bem presumia Diogo, no que explora,
Que algum mistério se ocultava interno;
Lembra-lhe a chama que o caldeu adora,
O fogo das vestais[40] recorda eterno;
Nem duvidava que se origem fora
Costume da nação, rito paterno,
Trazido, se é possível que se creia,
Na dispersão das gentes da Caldéia.

LXXVII

Perguntá-lo dos bárbaros quisera;
Mas como o aceno e língua mais engana,
Acaso soube que à Gupeva viera
Certa dama gentil brasiliana:
Que em Taparica um dia compreendera
Boa parte da língua lusitana,
Que português escravo ali tratara,
De quem a língua, pelo ouvir, tomara.

---

[40] As sacerdotisas de Vesta, a deusa do fogo da Roma antiga.

LXXVIII

Paraguaçu gentil (tal nome teve),
Bem diversa de gente tão nojosa,
De cor tão alva como a branca neve,
E donde não é neve, era de rosa:
O nariz natural, boca mui breve,
Olhos de bela luz, testa espaçosa,
De algodão tudo o mais, com manto espesso,
Quanto honesta encobriu, fez ver-lhe o preço.

LXXIX

Um principal das terras do contorno
A bela americana tem por filha;
Nobre sem fasto[41], amável sem adorno,
Sem gala encanta e sem concerto brilha:
Servia aos carijós[42] que tinha em torno,
Mais que de amor, de objeto a maravilha;
De um desdém tão gentil, que a quem olhava,
Se mirava imodesto, horror causava.

LXXX

Foi destinada de seus pais valentes,
Esposa de Gupeva; mas a dama
Fugia de seus olhos impacientes,
Nem prenda lhe aceitou, porque o não ama:
Nada sabem de amor bárbaras gentes,
Nem arde em peito rude a amante chama;
Gupeva, que não sente o seu despeito,
Tratava-a sem amor, mas com respeito.

LXXXI

Deseja vê-la o forte lusitano,
Porque interprete a língua que entendia,
E toma por mercê do céu sob'rano
Ter como entenda o idioma da Bahia:

---

[41] Variação de "fausto".

[42] Indivíduos da tribo indígena guarani, habitantes da região entre a lagoa dos Patos e Cananéia.

Mas quando esse prodígio avista, humano,
Contempla no semblante a louçania[43],
Pára um vendo o outro, mudo e quedo,
Qual junto de um penedo outro penedo.

LXXXII

Só tu, tutelar anjo, que o acompanhas,
Sabes quanto a virtude ali se arrisca
E as fúrias da paixão, que acende, estranhas
Essa de insano amor doce faísca:
Ânsias no coração sentiu tamanhas
(Ânsias que nem na morte o tempo risca)
Que houvera de perder-se naquel'hora,
Se não fora cristão, se herói não fora.

LXXXIII

Mas desde o céu a santa inteligência
Com doce inspiração mitiga a chama,
Onde a amante paixão ceda à prudência
E a razão pode mais que a ardente flama:
Em Deus, na natureza e na consciência
Conhece que quer mal quem assim ama,
E que fora sacrílego episódio
Chamar à culpa amor, não chamar-lhe ódio.

LXXXIV

No raio deste heróico pensamento
Entanto Diogo refletiu consigo,
Ser para a língua um cômodo instrumento
Do Céu mandado, na donzela amigo:
E por ser necessário ao santo intento,
Estuda no remédio do perigo;
Que pode ser? Sou fraco; ela é formosa...
Eu livre... ela donzela... será esposa.

LXXXV

Bela (lhe disse então) gentil menina,

---

[43] Garbo.

(Tornando a si do pasmo, em que estivera)
Sorte humana não é, mas é divina,
Ver-me a mim, ver-te a ti na nova esfera:
Ela a frase, em que falo, aqui te ensina,
Ela, se não me engana o que a alma espera,
Um fogo em nós acende, que de resto
Eterno haja de arder, se arder honesto.

LXXXVI

Desde hoje, se a meus olhos corresponde
O meigo olhar das lúcidas pupilas,
Se amor é... porque amor quem é que o esconde?
Se por ele essas lágrimas destilas:
Com que chamas meu peito te responde,
Com mão de esposa poderás senti-las;
Disse; e estendendo a mão, ofereceu-lha.
Ela que nada diz, sorriu-se e deu-lha.

LXXXVII

Põe-lhe de fuga os olhos, que abaixara;
E ou de amante ou também de vergonhosa,
Um tão belo rubor lhe tinge a cara,
Como quando entre os lírios nasce a rosa:
Três vezes quis falar, três se calara;
E ficou de soçobro tão formosa,
Quando ele ficou cego; e em tal porfia,
Nem um, nem outro então de si sabia.

LXXXVIII

Mas refletindo logo o herói prudente,
Fixou no coração, com fé segura,
Não cumprir as promessas de presente,
Antes que lhe entre n'alma a formosura:
Rende-lhe o seu amor, mas inocente;
E faz-lhe prometer, que com fé pura,
Enquanto se não lava e regenera,
Em continência viverão sincera.

LXXXIX

E esta fé (diz-lhe), esposa em Deus querida,

Guardar-te hoje prometo em laço eterno,
Até banhar-se n'água prometida,
Por cândida afeição de amor fraterno:
Amor que sobreviva à própria vida,
Amor que preso em laço sempiterno[44],
Arda depois da morte em maior chama,
Que assim trata de amor quem por Deus ama.

XC

Esposo (a bela diz), teu nome ignoro;
Mas não teu coração, que no meu peito
Desde o momento em que te vi, que o adoro:
Não sei se era amor já, se era respeito;
Mas sei do que então vi, do que hoje exploro,
Que de dous corações um só foi feito.
Quero o batismo teu, quero a tua igreja,
Meu povo seja o teu, teu Deus meu seja.

XCI

Ter-me-ás, caro, ter-me-ás sempre a teu lado;
Vigia tua, se te ocupa o sono;
Armada sairei, vendo-te armado;
Tão fiel nas prisões como num trono:
Outrem não temas, que me seja amado;
Tu só serás, Senhor, tu só meu dono;
Tanto lhe diz Diogo, e ambos juraram;
E em fé de juramento, as mãos tocaram.

[44] Eterno.

CANTO III

I

Já nos confins extremos do horizonte
Dourava o Sol no ocaso rubicundo[1]
Com tíbio raio acima do alto monte,
E as sombras caem sobre o vale fundo:
Ia morrendo a cor no prado e fonte;
E a noite, que voava ao Novo Mundo,
Nas asas traz com viração suave
O descanso aos mortais no sono grave.

II

Só com Gupeva a dama e com Diogo,
Gostosa aos dous de intérprete servia;
E perguntado sobre o sacro fogo,
A qual fim se inventara? a que servia?
Deu-lhe simples razão Gupeva logo:
Supre de noite (disse) a luz do dia;
E como Tupá ao mundo a luz acende,
Tanto fazer-se aos hóspedes empreende.

III

Se pecado ao mau espírito solevas,
Sucede que talvez, cruel, se enoje;
E como é pai da noite e autor das trevas,
Tanto aborrece a luz, que em vendo-a foge:
Porém se à luz eterna o peito elevas,
Não há fúria do averno que se arroje;
Talvez por lhe excitar tristes idéias,
Das chamas que tiveram por cadeias.

---

[1] Rubro.

IV

Admira o pio herói, que assim conheça
A nação rude as legiões do averno;
Nem já duvida que do céu lhe desça
Clara luz de um princípio sempiterno.
Dize-me, hóspede amigo, se professa
Este teu povo, diz, com culto externo
Adorar algum Deus? qual é? onde ande?
Se seja um Deus somente, ou que outros mande?

V

Um Deus (diz), um Tupá, um ser possante
Quem poderá negar que reja o mundo,
Ou vendo a nuvem fulminar tonante[2],
Ou vendo enfurecer-se o mar profundo?
Quem enche o céu de tanta luz brilhante?
Quem borda a terra de um matiz fecundo?
E aquela sala azul, vasta, infinita,
Se não está lá Tupá, quem é que a habita?

VI

A chuva, a neve, o vento, a tempestade
Quem a rege? a quem segue? ou quem a move?
Quem nos derrama a bela claridade?
Quem tantas trevas sobre o mundo chove?
E este espírito amante da verdade,
Inimigo do mal, que o bem promove,
Cousa tão grande, como fora obrada,
Se não lhe dera o ser quem vence o nada?

VII

Quem seja este grande ente, e qual seu nome,
(Feliz quem saber pode) eu cego o ignoro;
E sem que a empresa de sabê-lo tome,
Sei que é quem tudo faz e humilde o adoro:
Nem duvido que os céus e terra dome,
Quando nas nuvens com terror o exploro,
Deixando o mortal peito em vil desmaio,

---

[2] Que troveja.

Ameaçar no trovão, punir no raio.

VIII

Só pasmo, se nos fez, como não veio,
Devendo amar o que obra de mão sua,
Ao mundo de anhangás, cercado e cheio,
A livrar o homem dessa besta crua!
Como é possível que não desse um meio,
Com que a mente ignorante, enferma e nua
Tratar com ele possa, quando é claro
Que o pai não deixa o filho em desamparo?

IX

Sinto bem remorder dentro em meu peito
Lembrança, que me acusa: por mim fica,
Se mais bem do que faz, me não tem feito,
Que é néscio quem o ingrato benefica[3].
Outro povo talvez mereça eleito
A assistência dos céus, de graças rica;
Nem contra Deus se justifica a queixa,
Que costuma deixar quem o não deixa.

X

Mas se do trono celestial e eterno,
Apesar da malícia, nos visita,
Quem sabe se por zelo hoje paterno
A nosso bem mandar-te aqui medita.
Pois creio bem que contra o fogo averno
Trazes a chama que a do raio imita,
Ou que vens como luz do etéreo assento,
Por levar-nos contigo ao firmamento.

XI

Pasmava o lusitano da eloqüência
Com tão alto pensar numa alma rude,
Notando como a eterna sapiência
A face a todos mostra da virtude.
E reputava por maior clemência,

[3] Beneficia.

Que a quem, se a fé conhece, ingrato a ilude,
Negasse Deus a luz, que os outros viam,
Porque tendo-a maior, mais cegariam.

XII

Não deixa nunca os seus o céu piedoso
(Diogo respondeu), que à terra indigna
Manda o seu Unigênito glorioso
Que ofereça[4], a quem o invoca, a mão benigna:
Mas se antevisse no homem pernicioso
Uma livre eleição sempre maligna,
Por dar-lhe menos pena em menor falta
Em sombra, como à voz, deixa tão alta.

XIII

Tendes entanto um claro sentimento,
Que espírito imortal se nos concede...
Sim, diz Gupeva, que o decide atento
Quem tudo quanto sente parte ou mede:
Mas mirando ao seu próprio pensamento,
Vê que a medida sempre intacto excede;
E sendo indivisível desta sorte,
Como pode a razão sofrer a morte?

XIV

Quantas vezes em mim, se ser pudesse,
Um pensamento d'alma eu dividira;
Que todo o mal enfim que o homem padece
Vem d'imagem cruel, que dentro gira.
Mas a interna impressão tanto mais cresce
Quanto o peito ansiado mais suspira;
E vejo que há em mim mesmo oculto e interno
Entre a mente e a verdade um laço eterno.

XV

Sendo a mente mortal, tornara ao nada,
Ao apagar-se a luz do extremo dia,

---

[4] Em algumas edições usou-se a forma sincopada, "of'reça". Seguimos as de 1878, 1913 e 1945, que optaram por "ofereça"; aqui o verso passa a ter onze sílabas.

E antes de ser punida ou premiada,
Uma alma justa ou ré pereceria,
Sempre em desejos nunca saciada,
Mas sem castigo e sem fortuna pia,
Sem chegar ao seu fim perder a essência...
Como é crível que Deus tem providência?

XVI

Se o fim do inerte bruto se inquirisse,
No contexto das obras respondera
Que fora feito porque nos servisse
E que eterno destino não tivera:
Onde era bem que a morte destruísse
Quem para imortal fim nunca nascera;
Porque lhe dera, a tê-lo, o céu divino
Outro corpo, outra forma, outro destino.

XVII

Que o bruto elege, pensa, que discorre
Do que o vemos obrar fica evidente;
Mas cada espécie a um curto fim concorre,
Sem órgãos e aptidão com que outro intente.
O homem tudo quer, por tudo corre,
Tem órgãos para tudo e tudo sente;
Infinito em pensar e no que vejo
Maior que no pensar no seu desejo.

XVIII

Tudo domina só, tudo governa,
Sem que a outro animal servir costume;
Toda outra espécie à sua é subalterna,
E se imortal nascera, fora um nume[5]
Arbítrio universal, razão eterna,
Capaz de receber o imenso lume,
E fora mais, se a morte o dissipara,
Que se céu, terra e inferno aniquilara.

XIX

Pasmado Diogo do que atento escuta,

[5] Deidade.

Não crê que a singular filosofia
Possa ser da invenção da gente bruta,
Mas a intérprete bela lhe advertia
Que a antiga tradição, nunca interrupta,
Em cantigas que o povo repetia,
Desde a idade infantil todos compreendem,
E que dos pais e mães cantado o aprendem.

XX

Que eram pedaços das canções, que entoam
As que ouvia a Gupeva (e talvez tudo)
Que em poético estilo doces soam
Feitas por sábios de sublime estudo.
Que alguns entre eles com tal estro[6] voam,
Que envolvendo-se o harmônico no agudo,
Parece que lhe inflama a fantasia
Algum nume, se o há, da poesia.

XXI

Tendo Paraguaçu dito discreta,
Prossegue então Gupeva os seus assuntos:
Que se as almas morressem, que indiscreta
A memória seria dos defuntos?
A que servira a lei que nos decreta
Que no sepulcro se lhe ponham juntos
Comidas, arcos, frechas? quem resiste
A quem depois da morte não subsiste?

XXII

O inimigo anhangá, logo que deixa
A nossa alma esta carne, em fúria a invade,
E do mal, que cá fez, cruel se queixa,
Até que em sombras entre ou claridade:
O rito do sepulcro expresso deixa,
Que enterrando-se em pé, na eternidade
O fim buscamos, a que Deus nos cria
E que antes de o alcançar se segue a via.

---

[6] Engenho poético, inspiração.

XXIII

Deste princípio nasce que com prantos
Noite e dia se chora o seu decesso[7];
Louvam-se nos congressos como santos,
E põe-se no sepulcro um marco expresso:
Tantas memórias, pois, ofícios tantos,
A que fim, se a alma acaba, eu não conheço;
A expiação e obséquio era frustrado,
Se ela não vive ou purga algum pecado.

XXIV

Costumes são da oculta antiguidade
Que o grão Tamandaré[8] desde alta origem
Às gentes ensinou, com que à piedade
Todas no mundo as almas se dirigem:
E quando algum conteste esta verdade,
Provam-na os anhangás que nos afligem,
Pedindo aos nigromantes que a alma vendam
No que uma alma imortal nos recomendam.

XXV

Que é desde nossos pais fama constante
Que aonde o Sol se põe nessas montanhas
Há um fundo lugar, de que é habitante
O pérfido anhangá com cruéis sanhas:
Ali de enxofre a escuridão fumante[9]
Com portas encerrou Tupá tamanhas,
Que as não pode forçar nem todo o inferno:
A morte é a chave, e o cadeado é eterno.

XXVI

Dentro nada se vê na sombra escura;
Mas no vislumbre fúnebre e tremendo
Distingue-se com vista mal segura
Um antro vasto, tenebroso e horrendo:

---

[7] Morte.

[8] O Noé dos americanos.

[9] Na acepção de fumegante.

Ordem nenhuma tem; tudo conjura
Ao sempiterno horror, que ali compreendo:
Mutuamente mordendo-se de envolta,
Um noutro agarra, se o primeiro o solta.

XXVII

Se viste onda sobre onda procelosa,
Quando bate escumando a areia funda,
Como esta aquela engole; e mais furiosa
Montanha d'água vem; que ambas afunda:
Tal na caverna lôbrega horrorosa
Onda e onda de fogo os maus inunda:
Este sobe; este desce; e um cataclismo
Alaga as nuvens e descobre o abismo.

XXVIII

Aqui o fero anhangá caiu (se conta),
Quando do grão Tupá rompia o jugo;
E vem dos astros, que soberbo monta,
A ser em pena vil do homem verdugo:
Ali com mão cruel, com fúria pronta
Pune da nossa espécie o vil refugo;
E em vez de mãos as miserandas gentes
Enrosca em laços de cruéis serpentes.

XXIX

Ali, do grão Tupá por lei severa,
No incêndio está, que o tempo não apaga,
Quem torpe incesto faz, quem adultera,
Quem é réu de lascívia infame e vaga:
Cada um, como a culpa cometera,
Tanto e no próprio membro o crime paga:
Fere-se a quem feriu; mas o homicida,
Só porque morra mais, não perde a vida.

XXX

Sentada em meio da morada horrenda,
Branca de cãs e imóvel na manobra,
Imensa sombra faz que a cauda prenda
Dentro na boca horrível uma cobra:
Com rouca voz e intimação tremenda.

Ao tempo preso na vipérea[10] dobra
Diz, retumbando em eco a cavidade:
Oh vida! oh tempo! oh morte! oh eternidade!

XXXI

Além da grã montanha, em que se oculta
O cárcere das sombras horroroso,
De mil delícias num terreno exulta
Quem vive justo ou quem morreu piedoso:
Não se acha imagem nesta terra inculta
Que seja sombra do país ditoso;
O templo ali da paz foi levantado,
Sempre aberto ao prazer e à dor fechado.

XXXII

Há do ameno jardim na vasta entrada
Uma grã porta de safiras belas,
Onde da etérea luz reverberada
Se pinta em vasto fundo um mar de estrelas;
Toda ela em torno, em torno decorada
De floridas belíssimas capelas:
Junto voragem há de um precipício,
Que sorve a quem se encosta infecto em vício.

XXXIII

Vêem-se dentro campinas deleitosas,
Geladas fontes, árvores copadas,
Outeiros de cristal, campos de rosas,
Mil frutíferas plantas delicadas:
Coberto o chão das frutas mais mimosas,
Com mil formosas cores matizadas;
E à maneira, entre as flores, de serpentes,
Vão volteando as líquidas correntes.

XXXIV

Latadas[11] de martírios[12] há sombrias,

---

[10] Viperina.
[11] Grade de varas ou canas para sustentar parreiras.
[12] Arbusto da família das euforbiáceas.

Que com a rama e flor formam passeios,
Onde passam sem calma os claros dias
Gozando sem temor de mil recreios:
Chuvas ali não há, nem brumas frias,
Nem das procelas hórridas receios;
Nem há na primavera e verdes maios
Quem receie o trovão, nem tema os raios.

XXXV

Entre o sussurro ali das fontezinhas,
Harmônica se escuta a voz sonora,
Com que mil inocentes avezinhas
Entoam a alvorada à fresca aurora:
Muitas com vôos vão ao céu vizinhas,
Outra segue o consorte, a quem namora,
E mil doces requebros gorjeando,
De raminho em raminho vai saltando.

XXXVI

Uma ave[13] entre outras há que se discorre,
Ou fama certa seja ou voz fingida,
Que do jardim a nós, de nós lá corre,
Como fiel correio da outra vida:
Dizem que voa, quando algum já morre,
E exprime no seu canto enternecida
O que alma passa nas eternidades,
E que nos leva e traz doces saudades.

XXXVII

Neste ameno jardim vivem contentes
As almas que no mundo valerosas
A santa lei guardaram diligentes,
Obrando ações na vida gloriosas:
Os que foram na guerra mais valentes,
E a pátria com ações guardam honrosas;
E os que em bélico horror com peito forte
Temem mais uma afronta do que a morte.

---

[13] Trata-se do colibri, a pequena ave que, segundo a lenda indígena, leva e traz mensagens do céu para a terra, servindo de mensageiro entre os vivos e os mortos.

XXXVIII

Aqui do grão Tupá no amado seio
Conversam, dançam, jogam sem fastio;
Uns dos males passados sem receio
Contam da crua guerra o caso impio:
Outros da própria morte o golpe feio
Recordam sem pavor, contam com brio,
Que o recordar um mal que é já passado
Dá depois mais prazer que então cuidado.

XXXIX

Ali dos pais as almas venturosas
Unidas sempre estão ao filho amado;
E o prêmio das fadigas laboriosas
Gozam no seio um doutro sem cuidado:
A mãe abraça as filhas amorosas,
Como o esposo a consorte em puro agrado;
Sem guerra, sem contenda, sem porfia
Passam tranqüila a noite e alegre o dia.

XL

Mas o que é mais suave, o que é mais doce,
É gozar-se entre tanta amenidade
De todo o bom desejo a inteira posse,
Nem ter de cousa vã necessidade:
Oh quem de tanto bem possessor[14] fosse!
Grato país! amável liberdade!
Onde por graça de Tupá infinita
Ninguém padece, teme ou necessita.

XLI

Dizendo assim Gupeva enterneceu-se,
Sentindo a força que o mortal levanta
À bem-aventurança. Comoveu-se
Também Diogo, vendo que em luz tanta
Tão pouco de Deus sabe; a todos deu-se
O eterno lume, cópia da lei santa;

---

[14] Possuidor.

Mas bem que de esplendor inunde um pego,
Quem é indigno de Deus fica mais cego.

XLII

Que valem (disse ao bárbaro ignorante)
Jardins, flores, delícias e prazeres,
Faltando o objeto enfim mais importante,
Que é a face de Tupá? pois de a não veres,
Todo outro bem, que gozes por brilhante,
Por belo, por maior que o conceberes,
Para a nossa cobiça mal saciada
É vil, é vão, é pouco, é fumo, é nada.

XLIII

Finge que possa o homem gozar junto
Destes bens cá da terra um vasto rio,
Quanto Deus criar pode, tudo e munto;
Quem dele não gozar fica vazio:
Se o mundo a uma alma basta eu não pergunto;
Que ela goze infinitos sempre eu fio,
Que, qual hidropisia verdadeira,
Quantos mais possuir, tantos mais queira.

XLIV

Toda essa glória, que me tens pintado,
Sem mais que um bem do mundo circunscrito,
Não é, Gupeva meu, mais que um bocado
Para quem só se farta do infinito:
E quando tudo o mais se haja logrado,
Se é um bem transitório, se é finito,
Em breve hás de sentir, e sem remédio,
Do futuro ânsia e do passado tédio.

XLV

Deus, caro amigo meu, é Deus somente
Quem pode saciar nossa vontade;
Chegar à parte aonde o ver contente,
E vê-lo ali por toda a eternidade:
Todo o bem nele está sumo e eminente,
Honra, glória, grandeza, majestade,

Esta é, se discorreres em bom siso,
A idéia que hás de ter de um paraíso.

XLVI

Porém narra-me entanto o que se pensa
Entre vós dos princípios deste mundo:
Quando? como? por quem na idéia imensa
Se tomou a medida ao céu profundo?
Qual foi o homem primeiro e de qual crença?
Ou se notícias tens do Adão segundo?
De qual origem sois ou de qual gente?
Ou quem veio a povoar tal continente?

XLVII

Memória nunca ouvi (Gupeva disse)
Onde o homem nascesse; mas compreendo
Que houve princípio enfim que o produzisse;
Que sem fim e princípio eu nada entendo.
Como o criou não sei; e bem que o visse,
Não pudera entendê-lo, conhecendo
Que entre o nada e o ser há tal distância,
Que a ti te creio igual nesta ignorância.

XLVIII

O primeiro homem na geral lembrança,
A tradição dos velhos mais antigos,
Antes do grão dilúvio não alcança:
Sabemos só que uns homens inimigos,
Do forte braço na falaz confiança,
Encheram todo o mundo de perigos
E deram causa que o dilúvio extenso
Num pego sepultasse a terra imenso.

XLIX

Do renovado mundo o patriarca
Desde o alto monte, onde escapou, descendo,
Depois que a grã canoa e imensa barca,
Em que ao alto subiu, foi fundo tendo,
Na prole imensa dominou monarca,
E as várias tribos dividido havendo

Por continentes e ilhas no mar fundo,
De toda a gente é pai que habita o mundo.

L

Precise o justo velho o grão castigo,
E os homens exortando à penitência,
Nem à vista do próximo perigo
Chamá-los pôde à justa obediência:
Cansado então Tupá da paz amigo
Do cruel latrocínio e da violência,
Quis por vingar-se o Padre onipotente
Com águas apagar a chama ardente.

LI

Faz que se abram do céu, que águas encerra,
A catadupas[15], como imensos rios,
E que a face inundando-se da terra,
Se afoguem bons e maus, justos e impios[16].
Os elementos em desfeita guerra
Confundem-se em medonhos desafios;
Cai um mar desde o céu, e na mesma hora
Manda a terra do centro outro mar fora.

LII

Já rota a margem, que nas brancas praias
Às ondas posto tinha o grão Sob'rano,
Passam as águas das extremas raias
Onde se ajunta com o monte o plano:
O peixe nadador nas altas faias
No ninho está do alígero[17] tucano;
E em seios as baleias ver puderas,
Covis dos tigres e antros de panteras.

LIII

Iam entanto os homens miserandos
De um monte a outro por fugir das águas,

---

[15] Isto é, em jorros enormes de água. Gupeva está narrando a versão indígena do Grande Dilúvio bíblico.

[16] Desumano, cruel.

[17] Ligeiro, veloz.

E sem destino algum bandos e bandos
Correndo gritam com piedosas mágoas:
E os céus deprecam[18], que os escutem brandos;
Mas a ira de Tupá com justas fráguas[19]
Fulminando centelhas e coriscos,
Faz maiores os danos do que os riscos.

LIV

Via-se em longa tábua mal segura
Nadar sobr'água a mãe desventurada
E tendo ao colo apensa[20] a criatura,
Ora é n'água abatida, ora elevada
Quem desde o alto das casas se pendura,
Quem fabrica de lenhos a jangada,
Qual da fome mortal horror concebe,
E crê que é menos mal, se a morte bebe.

LV

Tamandaré, porém, de Tupá amigo,
Enquanto a grã procela horrível soa,
Salva o náufrago mundo pelo abrigo
Que aos filhos procurou na grã canoa:
E a barca, por memória do castigo,
Elevada deixou sobre a coroa
Das altas serras, que na fama claras,
Têm nome semelhante ao das Araras[21].

LVI

Daqui por várias terras espalhados
Os homens foram que seus netos cremos;
Uns que a fronte de nós deixou queimados[22],
O claro Sol que nasce em seus extremos:
Outros, que habitam climas apartados,

---

[18] Suplicam.
[19] Amarguras, penas.
[20] Junta.
[21] A semelhança aludida aqui é ao Ararat, o monte no qual ficou a arca de Noé.
[22] A referência é aos africanos, que ficam a leste da América, isto é, para o lado do "claro Sol que nasce em seus extremos". Os versos trazem a versão indígena da formação das raças.

Dessa cor branca que em teu rosto vemos,
Divididos do mar, por onde as proas
Endireitam a nós vossas canoas.

LVII

Se sois de nós, se nós das vossas gentes,
São cousas que nós todos ignoramos,
Pois de paterno chão sempre contentes,
Doutras terras e tempos não cuidamos:
Mas vós, que os mares passeais ingentes,
Podereis inferir se os que aqui estamos,
Depois que de um pai só todos nascemos,
Com alguns entre vós nos parecemos.

LVIII

Que se em vós houve ou há quem assim trate,
Quem se governe assim, quem edifique,
Ou quem com armas, como nós combate,
Quem todo à caça como nós se aplique:
Se há quem devore os homens quando os mate,
A quem o feroz vulto imberbe fique,
Desde Tamandaré, que é pai das gentes,
Podemos crer que são nossos parentes.

LIX

Conserva-se num povo o antigo rito,
Se o não altera o rito do estrangeiro,
E sempre algum vestígio fique escrito
Por tradição do século primeiro.
Vós sabereis, se a História tenha dito,
Que houve tempo em que o mundo quase inteiro,
Sem sabermos uns doutros se habitasse,
E como nós erramos, tudo errasse.

LX

Se os mares nunca dantes navegados
Discorrestes por climas diferentes,
Sabereis doutros homens separados,
Descobertos talvez das vossas gentes:
Que por estreitos, pode ser, gelados,

Transitaram nos nossos continentes;
Vós direis se homens há na roxa aurora
Nus e pintados, como nós agora?

LXI

E porque saibas mais nosso costume,
Onde julgues melhor da antiga origem,
Dir-te-ei como, seguindo o impresso lume,
As prudentes nações cá se dirigem:
Nem do vício de muitas se presume
Contra aquelas que sábias se corrigem;
Que também entre vós, creio, se escuta,
Quem tendo boas leis, tem má conduta.

LXII

De Tupá, que o trovão com fogo manda,
Trememos, como vês, espavoridos;
Mas quando vemos que a procela abranda,
Ficam os homens de Tupá esquecidos:
E bem suspeito que nes'outra banda
Suceda assim, se o horror vem dos sentidos;
E que entre vós também gente se veja
Que não temem Tupá se não troveja.

LXIII

Quem o blasfeme, afronte, ou quem o chame
A ser-lhe testemunha quando mente,
Nunca se ouve entre nós com fúria infame
E só de o imaginar se assombra a gente.
É raro quem o adore ou quem a ame;
Mas mais raro será quem insolente
Tenha do sumo ser tão cega incúria
Que trate o nome seu com tanta injúria.

LXIV

De externo culto a Deus há pouco indício;
Se não é no que estimas bruto engano
De fazermos cruento sacrifício,
Não do sangue brutal, porém do humano.
Vejo à luz da razão que é feio vício

Que ao instinto repugna por tirano;
Mas matar quem nos mais o crime atiça
Não é vítima digna da justiça?

LXV

A justiça do céu reconhecemos
Contra quem delinqüente a profanasse;
Pondo suplícios contra os maus extremos,
E em justo sacrifício a pena dá-se.
O malfeitor, o réu, quando o prendemos,
Com sacro rito a cerimônia faz-se:
De quem no sangue ímpio a Deus vindica,
Este o aplaca somente e sacrifica.

LXVI

A forma do governo por abuso
Anárquico entre nós sem lei se oferece[23];
Mas nos que fazem da razão bom uso
Justa legislação reinar parece:
Nem nos tomes por povo tão confuso,
Que um público poder não conhecesse;
Há senado entre nós, sábio e prudente,
A quem o nobre cede e a humilde gente.

LXVII

Vagamos sempre e nunca um firme acento
Nos deixam ter da caça os exercícios;
Buscamos nela os próprios alimentos,
E habitamos onde a há ou dela indícios:
E estes são de ordinário os fundamentos
De ocupar-nos em bélicos ofícios;
Verás as gentes em contínuo choque
Sobre a quem o terreno ou praia toque.

LXVIII

Em várias castas e nações diversas
Dividido o sertão vagar costuma;

---

[23] Em algumas edições, o verso é decassílabo, trazendo a forma sincopada "of'rece".

E bem que vagabundas e dispersas,
Confederam-se as tabas de cada uma:
Em guerra e paz e em sedições perversas
Ao pátrio nome não se nega alguma;
E se o senado o quer, por justos modos
Põem-se todos em paz e armam-se todos.

LXIX

São nos senados membros e cabeças
Os velhos sábios, capitães valentes,
Os que têm socorrido em grandes pressas
Com conselhos à pátria mais prudentes:
Destes as ordens dimanando expressas,
Um só se não verá nas nossas gentes
Que rompa, não cedendo a potestade[24],
Este laço da humana sociedade.

LXX

Destes uns da suprema divindade
Ministros são, que nos festivos dias,
Fazendo-se qualquer solenidade,
O povo exortam com lembranças pias:
Honram cantando a eterna majestade,
Com sons, que para nós são melodias;
Cousas, que se anhangá corrompeu tanto,
Vê-se que nascem de princípio santo.

LXXI

Estes chefes do culto venerando
Mantêm-nos a oblação[25] do povo crente;
São mestres santos, e por nós orando,
O lume da razão mostra evidente
Que em tão sublime ofício ministrando,
Têm direito a que o público os sustente:
Pois neles é mais justo que a lei valha
De comer cada um donde trabalha.

---

[24] Poder.
[25] Oferenda.

LXXII

Punimos o homicídio; quem mutila,
Quem bate ou fere não evita a pena:
A sentença ele a dá. Deve subi-la,
Qual foi a culpa, com justiça plena:
Quem matou morrer deve: assim se estila
Por lei sagrada, que a eqüidade ordena:
Quem cortou pé ou mão, braço ou cabeça,
No pé, no braço e mão tanto padeça.

LXXIII

A fé do matrimônio bem declara
Que o vago amor a lei ofenderia,
Se se pudera usar sem que um casara,
Quem é que neste mundo casaria?
Deve morrer quem quer que adulterara;
Sem isso quem seu pai conheceria?
E o que extermina a pátria potestade
Quem não vê que repugna a humanidade.

LXXIV

Quem pai ou mãe conhece com incesto,
Ou quem corrompe a irmã, padece a morte:
Nos ofícios dos pais é manifesto
Que confusão nascera desta sorte:
Ser a filha mulher não fora honesto,
Dominando em seu pai como consorte:
Se o irmão no matrimônio à irmã seguira,
Sempre o gênero humano mal se unira.

LXXV

Deve a humana geral sociedade,
Para gozar da paz com doce laço,
Vincular dos mortais a variedade
De um consórcio feliz no caro abraço:
Deu-nos o céu por órgão da amizade,
Deu-nos como outra mão, como outro braço
A consorte, em que o amor com fé excite,
Não por pasto brutal de um apetite.

LXXVI

E houvera sem prisão, que é tão suave,
Dominando entre os homens desde o averno
A discórdia cruel e a inveja grave,
A conter-se o himeneu[26] no amor fraterno:
Nasce do amor a paz; o amor é a chave,
É o doce grilhão, vínculo eterno,
Que se o vil interesse algum desune,
Os peitos abre e os corações nos une.

LXXVII

Movidos deste fim por são costume,
Julgaram nossos pais na antiga idade
Que se ofende no incesto o impresso lume,
Como contrário à paz da sociedade:
E se do céu preside o santo Nume
Ao sossego da triste humanidade,
Quem duvida que estime pouco honesto
Conhecer-se os irmãos com feio incesto?

LXXVIII

Entre nós, quem elege a esposa amada
Pede ao pai ou parente; e sem pedi-la,
Não se julgara a fêmea desposada,
Por deixar a família assim tranqüila;
Que se órfã fosse acaso abandonada,
Só pertence ao vizinho o permiti-la;
E convindo ou seu pai ou seu parente,
É sem mais matrimônio de presente.

LXXIX

Furto entre nós não há: de que há de havê-lo?
O que há, come-se logo; e sem que o enfade,
Um tira doutro o que acha, por comê-lo;
E anda ao pé da pobreza a caridade.
A calúnia, a traição, o amargo zelo
Têm por pena a comua inimizade:

---

[26] Núpcias.

Nem há, se o entendo bem, maior castigo
Que o mundo todo ter por inimigo.

LXXX

Outra lei depois desta é fama antiga,
Que observada já foi das nossas gentes;
Mas ignoramos hoje a que ela obriga,
Porque os nossos maiores, pouco crentes,
Achando-a de seus vícios inimiga,
Recusaram guardá-la, mal contentes:
Mas da memória o tempo não acaba,
Que pregará Sumé[27], santo imboaba.

LXXXI

Homem foi de semblante reverendo,
Branco de cor e, como tu, barbado,
Que desde donde o Sol nos vem nascendo,
De um filho de Tupá vinha mandado:
A pé sem se afundar (caso estupendo!)
Por esse vasto mar tinha chegado;
E na santa doutrina que ensinava,
Ao caminho dos céus todos chamava.

LXXXII

Com grande mágoa ignora-se o que disse;
Mas não se ignora que da santa boca
Um conselho utilíssimo se ouvisse
De plantar e moer a mandioca;
Que havia de tornar, também predisse,
Desde o Céu, a que amigo nos convoca,
E na terra ou no Céu, que ele estivera,
Eu o iria encontrar, se ele não viera.

LXXXIII

Contam que quando aos nossos cá pregava,
Poder mostrara tal nos elementos,
Que às ondas punha lei, se o mar se irava,
E de um aceno só domava os ventos:

---

[27] São Tomé, santo do povo que veio da Europa.

Os matos se lhe abriam, quando entrava,
E os tigres feros a seus pés atentos,
Pareciam ouvir, como a outra gente,
Festejando-o co'a cauda brandamente.

LXXXIV

As águas donde quer, em rio ou lago,
Se as chegava a tocar com pé ligeiro,
Não pareciam de elemento vago,
Mas pedra dura ou sólido terreiro:
Só com chamar seu nome, cessa o estrago,
Se o furacão com hórrido chuveiro[28],
Quando na nuvem negra se levanta,
Ou derriba a cabana, ou quebra a planta.

LXXXV

Porém, negando às pregações o ouvido,
Vinha o caboclo do sertão mais bruto
Contra o justo Sumé, de Deus querido,
A matá-lo e comê-lo, resoluto:
Pudera ele fazer, sendo ofendido,
Que eles colhessem da cegueira o fruto;
Mas pede só prostrado a Deus que o croe[29]
E que a ignorância aos míseros perdoe.

LXXXVI

Os feros, pois, na fúria contumazes
Tomam as frechas e, brandindo, atiram;
(Mas quanto pelos teus, Tupá, não fazes!)
Contra quem atirou pelo ar se viram:
E nem assim se mostram mais capazes
Dos anúncios de paz que em tanto ouviram,
Deixa-os Sumé, e um rio aborda cheio,
E, só com pôr-lhe um pé, partiu-o ao meio.

LXXXVII

Contam (e a vista faz que a gente o creia)
Que onde as correntes d'água arrebatadas,

---

[28] Isto é, uma intensa e repentina tempestade.

[29] Coroe.

Se vão bordando com a branca areia,
Ficaram de seus pés quatro pegadas;
Vêem-se claras, patentes, sem que a veia
As tenha d'água no seu ser mudadas:
E enxerga-se mui bem sobre os penedos
Toda a forma do pé, com planta e dedos.

LXXXVIII

Assim Gupeva concluiu dizendo,
Nem mais tempo ao discurso haver podia,
Por aviso, que os campos vem batendo
Turba inimiga, em vasta companhia:
Às armas, grita, às armas, e o eco horrendo,
Retumbando nas árvores sombrias
Fez que às mães, escutando os murmurinhos,
Apertassem no peito os seus filhinhos.

LXXXIX

Não te espantes, diz Diogo, não alteres
A paz dentro as cabanas belicosas;
Enquanto novas certas não souberes,
Basta pôr guardas nos confins, forçosas:
De noite não te empenhes; se temeres
Que te invadam com tropas numerosas,
Põe-te na defensiva; e bem que freme,
Quem te busca de noite é quem te teme.

XC

Quanto mais que o trovão nas mãos preparo
Contra teus inimigos neste afogo;
Nem duvides que logo que o disparo,
Tudo em chamas não vá, tudo arda em fogo:
Disse, e ao favor saiu de um lugar claro,
Disparando o mosquete em márcio jogo;
E enquanto atira, todo o bosque atroa
Pelo horror da buzina com que soa.

XCI

Qual dos monos talvez tropa nojosa,
Saiu do int'rior mato em negro bando;

E se a frecha um derriba, vai, medrosa,
Em fuga pelas árvores saltando:
Tal ouvindo a buzina pavorosa
E o arcabuz com trovão relampagueando,
Correm, caem, despenham-se na estima
De que o céu todo lhe caía em cima.

CANTO IV

I

Era o invasor noturno um chefe errante,
Terror do sertão vasto e da marinha,
Príncipe dos caetés[1], nação possante,
Que do grão Jararaca o nome tinha:
Este de Paraguaçu[2] perdido amante,
Com ciúmes da donzela ardendo vinha;
Ímpeto que à razão, batendo as asas,
Apaga o claro lume e acende as brasas.

II

Dormindo está Paraguaçu formosa,
Onde um claro ribeiro à sombra corre;
Lânguida está, como ela, a branca rosa,
E nas plantas com calma o vigor morre:
Mas buscando a frescura deleitosa
De um grão maracujá, que ali discorre,
Recostava-se a bela sobre um posto,
Que encobrindo-lhe o mais, descobre o rosto.

III

Respira tão tranqüila, tão serena,
E em languor[3] tão suave adormecida,
Como quem, livre de temor ou pena,
Repousa, dando pausa à doce vida:
Ali passar a ardente sesta ordena
O bravo Jararaca, a quem convida

---

[1] Indivíduos da tribo indígena Caeté, conhecidos pela ferocidade usada contra os inimigos.

[2] Em algumas edições foi adotada a forma sincopada "P'raguaçu". Seguimos as edições de 1836, 1878 e 1913, que preferiram "Paraguaçu"; aqui o verso passa a ter onze sílabas.

[3] Langor.

A frescura do sítio e sombra amada,
E dentro d'água a imagem da latada.

IV

No diáfano reflexo da onda pura
Avistou dentro d'água buliçosa,
Tremulando a belíssima figura,
Pasma, nem crê que imagem tão formosa
Seja cópia de humana criatura;
E remirando a face prodigiosa,
Olha de um lado e doutro, e busca atento
Quem seja original deste portento.

V

Enquanto tudo explora com cuidado,
Vai dar co'os olhos na gentil donzela;
Fica sem uso d'alma, arrebatado,
Que toda quanto tem se ocupa em vê-la:
Ambos fora de si, desacordado
Ele mais, de observar cousa tão bela;
Ela absorta no sono em que pregara,
Ele encantado a contemplar-lhe a cara.

VI

Quisera bem falar, mas não acerta,
Por mais que dentro em si fazia estudo;
Ela de um seu suspiro olhou, desperta;
Ele, daquele olhar ficou mais mudo:
Levanta-se a donzela mal coberta,
Tomando a rama por modesto escudo;
Põe-lhe os olhos então, porém tão fera,
Como nunca a beleza ser pudera.

VII

Voa, não corre pelo denso mato
A buscar na cabana o seu retiro;
E, indo ele a suspirar, vê que num ato,
Em meio ela fugiu do seu suspiro:
Nem torna o triste a si por longo trato,
Até que, dando à mágoa algum respiro,

Por saber donde habite ou quem seja ela,
Seguiu, voando, os passos da donzela.

VIII

De Taparica um príncipe possante,
Que domina e dá nome à fértil ilha,
Veio em breve a saber o cego amante
Ter nascido a formosa maravilha:
Pediu-lha Jararaca, vendo diante,
Ao lado de seus pais, a bela filha;
Convêm todos; mas ela não consente,
Porque a mais aguardava o céu potente.

IX

Ardendo, parte o bravo Jararaca
De ânsia, de dor, de raiva, de despeito;
E quanto encontra, embravecido ataca
Com sombras na razão, fúrias no peito:
E, vendo a chama, o pai, que não se aplaca,
Por dar-lhe esposo de maior conceito,
Por consorte Gupeva lhe destina,
Com quem no sangue e estado mais confina.

X

Logo que por cem bocas vaga a fama
Do esposo eleito a condição divulga,
Irado o caeté, raivando brama;
Arma todo o sertão, guerra promulga,
Tudo acendendo em belicosa chama,
Investir por surpresa astuto julga,
Com que a causa da guerra se conclua,
Ficando Paraguaçu[4] ou morta, ou sua.

XI

Mas sendo de improviso em terror posto,
E ouvindo do arcabuz a fama e efeito,
Não permite que o susto assome ao rosto,
Mas reprime o temor dentro em seu peito:

---

[4] Em algumas edições lê-se a forma sincopada "P'raguaçu".

Convoca um campo das nações composto,
Com quem tinha aliança em guerra feito;
E excitando na plebe a voraz sanha,
Cobre de legiões toda a campanha.

XII

Em seis brigadas da vanguarda armados,
Trinta mil caetés vinham raivosos,
Com mil talhos horrendos deformados,
No nariz, face e boca monstruosos.
Cuidava a bruta gente que espantados
Todos de vê-los, fugirão medrosos;
Feios como demônios nos acenos,
Que certo se o não são, são pouco menos.

XIII

Da gente fera e do brutal comando
Capitão Jararaca eleito veio,
Porque na catadura e gesto infando
Entre outros mil horrendos é o mais feio:
Que uma horrível figura pelejando,
É nos seus bravos militar asseio;
E traz entre eles gala de valente
Quem só co'a cara faz fugir a gente.

XIV

Dez mil a negra cor trazem no aspecto,
Tinta de escura noite a fronte impura;
Negreja-lhe na testa um cinto preto,
Negras as armas são, negra a figura.
São os feros margates, em que Alecto[5]
O averno pinta sobre a sombra escura;
Por timbre nacional cada pessoa
Rapa no meio do cabelo a coroa.

XV

Cupaíba, que empunha a feral maça,
Guia o bruto esquadrão da crua gente;
Cupaíba, que os míseros que abraça,

---

[5] Personagem da mitologia grega, uma das três Erínias ou Fúrias.

Devora vivos na batalha ardente:
À roda do pescoço um fio enlaça,
Onde, de quantos come, enfia um dente,
Cordão que em tantas voltas traz cingido,
Que é já mais que cordão longo vestido.

XVI

Urubu, monstro horrendo e cabeludo,
Vinte mil ovecates[6] fero doma;
Por toda a parte lhe encobria tudo
Com terrível figura a hirsuta coma:
Monstro disforme, horrendo, alto e membrudo,
Que a imagem do leão rugindo toma,
Tão feio, tão horrível por extremo,
Que é formoso a par dele um Polifemo[7].

XVII

Fogem todo o comércio da mais gente;
Ou se se vissem a tratar forçados,
Que lhe possam chegar nenhum consente,
Senão trinta ou mais passos apartados:
Se alguns se chegam mais, por imprudentes[8],
Como leões ou tigres esfaimados,
Mordendo investem os que incautos foram,
E a carne crua, crua lhes devoram.

XVIII

Sambambaia outra turba conduzia,
Que as aves no frechar tão certo vexa,
Que nem voando pela etérea via
Lhe erravam tiro da volante frecha:
Era de pluma o manto que o cobria;
De pluma um cinto, que ao redor se fecha;
E até grudando as plumas pela cara,
Nova espécie de monstro excogitara.

---

[6] Tribo indígena afamada por sua truculência.

[7] Trata-se do cíclope (gigante com apenas um olho) da mitologia grega.

[8] Note-se que nesta estrofe a rima é imperfeita. Na primeira edição, de 1781, lê-se "Se algum se chega mais, por imprudente", com errata; a edição de 1845 manteve a redação da primeira edição, bem como a errata.

XIX

Seguem-no dez mil maques, gente dura,
Que, em cultivar mandioca exercitada,
Não menos útil é na agricultura
Que valente em batalhas com a espada:
Tomaram estes, como própria cura,
De víveres prover a gente armada;
Quais torravam o aipi; quem mandiocas,
Outros na cinza as cândidas pipocas.

XX

O bom Sergipe aos mais confederado
Consigo conduzia os petiguares[9],
Que havendo pouco dantes triunfado,
Têm do dente inimigo amplos colares:
Seguem seu nome em guerras decantado
De gentes valerosas dez milhares,
Que do ferro madeiro usando o estoque,
Disparavam com balas o bodoque.

XXI

Nem tu faltaste ali, grão Pessicava,
Guiando o carijó das áureas terras;
Tu que as folhetas do ouro que te ornava,
Nas margens do teu rio desenterras;
Torrão que do seu ouro se nomeava,
Por criar do mais fino ao pé das serras;
Mas que feito, enfim, baixo e mal prezado,
O nome teve de ouro inficionado[10].

XXII

Muitos destes é fama que traziam
Deste alto cerro, que habitavam dantes,
Com pedras, que nos beiços embutiam,

---

[9] Ou potiguares; indivíduos da nação indígena Tupi, que habitavam as margens do rio Paraíba do Norte.

[10] Nota da edição de 1878: "Povo importante das Minas do Mato Dentro, chamado assim porque o ouro, que tinha mui subido, perdeu os quilates mais altos, e ficou chamando-se ouro inficionado. Assim o soube o poeta dos antigos daquela paróquia de que era natural".

Formosos e belíssimos diamantes:
Outros áureos topázios lhe ingeriam[11],
Alguns safiras e rubis flamantes,
Pedras, que eles desprezam, nós amamos:
Nem direi quais de nós nos enganamos.

XXIII

O feroz Sabará move animoso
Dos de agirapiranga seis mil arcos;
Homens de peito em armas valeroso,
Que de sangue em batalhas nada parcos,
Deixaram seu terreno deleitoso
Por matos densos, pantanosos charcos,
E ouvindo dos canhões o horrendo estouro,
Passaram desde o mar às minas do ouro.

XXIV

Seguia-se nas forças tão robusto,
Quanto no aspecto feio, e em traje horrendo,
Um, que com fogo sobre o torpe busto,
Dous tigres esculpira combatendo.
Este é o bravo Tatu, que enche de susto
Tudo c'o grão tacape acometendo:
E que mil cutiladas dando espessas,
Derriba troncos, braços e cabeças.

XXV

Debaixo do seu mando, em dez fileiras,
Doze mil itatis formados iam;
Surdos, porque, habitando as cachoeiras,
Com o grão rumor d'água ensurdeciam:
Pendem os seus marraques[12] por bandeiras
De longas hastes, que pelo ar batiam,
Suprindo nos incônditos[13] rumores
O ruído dos bélicos tambores.

---

[11] Na acepção de "introduzir".

[12] Nota da edição de 1878: "É a haste de que pende um cabaço ou coco, cheio de pedras miúdas que, sacudindo-o, fazem rumor. É insígnia sacerdotal e militar entre estes bárbaros". Trata-se de um emblema, semelhante ao cetro, usado pelos caciques.

[13] Não organizados.

XXVI

Em guerreiras colunas, feroz gente,
Que no horror da figura assombra tudo,
Trazem por armas uma maça ingente,
Tendo de duro lenho um forte escudo;
Frechas e arco no braço armipotente[14],
Nas mãos um dardo de pau-santo agudo,
Sobre os ombros a rede, à cinta as cuias,
Tal era a imagem dos cruéis tapuias.

XXVII

Quarenta mil de cor todos vermelha
Conduz ao campo o forte Sapucaia:
Dez mil que têm furada a longa orelha,
São amazonas de femínea laia:
É o amor conjugal que lhe aconselha
A descer dos sertões à vasta praia,
Por achar-se nos lances mais temidos
Ao lado sem temor dos seus maridos.

XXVIII

Brava matrona de coragem cheia,
A quem o márcio jogo não perturba,
Na forma bela, mas por arte feia,
Vai comandando na femínea turba:
Deram-lhe o nome os seus da grã Baleia,
Nome que ouvido os bárbaros disturba,
De namorados uns que a têm por bela.
Mas outros com mais causa por temê-la.

XXIX

Ouve-se rouco som, que o ouvido atroa,
Retumbando com eco a voz horrenda
De um grosseiro instrumento, que a arma soa,
Com que se inflama entre eles a contenda:
E quando o horrível som mais desentoa,
Faz que no peito mais furor se acenda;

[14] Guerreiro.

De retorcidos paus são as cornetas,
De ossos humanos frautas[15] e trombetas.

XXX

Com batalhões a espaços separados
Triplicado cordão se vê composto,
E em silêncio admirável ordenados,
Ao redor vão do outeiro em meio posto;
Costuma um orador falar-lhe a brados,
E ardendo-lhe mil fúrias sobre o rosto,
O ar co'a espada furibundo corta,
E a combater valente a turba exorta.

XXXI

Jararaca, no mando então primeiro,
Ao sacro e civil rito presidia,
E no mais alto do sublime outeiro
Entre um senado ancião se distinguia;
Aos outros na estatura sobranceiro
Às costas de um tapuia, que o trazia,
De um lado a outro majestoso corre,
E com geral silêncio assim discorre.

XXXII

Paiaiás generosos, hoje é o dia
Que aos vindouros devemos mais honrado,
Em que mostreis que a vossa valentia
Não receia o trovão, subjuga o fado:
Sabeis que de Gupeva a cobardia
Por filho do trovão tem aclamado
Um imboaba, que do mar viera
Por um pouco de fogo que acendera.

XXXIII

Prostrado o vil aos pés desse estrangeiro,
Rende as armas com fuga vergonhosa,
E corre voz que o adora, lisonjeiro,
E até lhe cede com o cetro a esposa:
E que pode nascer do erro grosseiro,

---

[15] Flautas.

Senão que em companhia numerosa
As nossas gentes o estrangeiro aterre,
E que a uns nos devore, outros desterre?

XXXIV

Se o sacro ardor que ferve no meu peito,
Não me deixa enganar, vereis que um dia
(Vivendo esse impostor) por seu respeito
Se encherá de imboabas a Bahia:
Pagarão os tupis o insano feito;
E vereis entre a bélica porfia
Tomar-lhe esses estranhos já vizinhos,
Escravas as mulheres co'os filhinhos.

XXXV

Vereis as nossas gentes desterradas
Entre os tigres viver no sertão fundo,
Cativa a plebe, as tabas arrombadas,
Levando para além do mar profundo
Nossos filhos e filhas desgraçadas;
Ou, quando as deixam cá no nosso mundo,
Poderemos sofrer, paiaiás bravos,
Ver filhos, mães e pais feitos escravos?

XXXVI

Mas teme o seu trovão: e tanto oprime
O medo àquele vil, que não pondera
Que por esse trovão, que não reprime,
Há de ver cheia de trovões a esfera?
Que grande mal será, se o raio imprime?
Se o mundo por um raio se perdera,
Susto pudera ter, cobrar espanto:
Porém morre de medo, que é outro tanto.

XXXVII

Eu só, eu próprio, no geral desmaio,
Ao relâmpago irei sem mais socorro;
E quando ele dispare o falso raio,
Ou descubro a impostura, ou, forte, morro:
Será de nigromancia um torpe ensaio,

Com que o astuto pretende, ao que discorro,
Fazer que a nossa tropa desfaleça,
Antes que a causa do terror conheça.

XXXVIII

Que se for (que o não creio) o estrondo infando
Do sublime Tupá triste ameaça,
Fará como costuma, trovejando,
Que, matando um ou outro, a mais não passa:
Se eu vir que o raio horrível vai vibrando,
A um homem como eu, nada embaraça:
Se for mortal quem causa tanto abalo,
Por meio ao próprio raio irei matá-lo.

XXXIX

Su[16], valentes; su, bravos companheiros!
Tomai coragem! que será no extremo?
Embora seja um raio verdadeiro,
Se não é Deus que o lança, eu não temo.
Seja quem quer que for o autor primeiro,
Como não seja o Criador Supremo,
Não há forças criadas que nos domem:
Que sobre tudo o mais domina o homem.

XL

Disse o grão chefe assim, e entre os furores,
Com a mão que já tinha levantada,
Bate na espádua aos príncipes maiores,
E dá-lhes, Orsú dizendo, uma palmada[17]:
Uns nos outros as deram não menores,
Que assim se incita a multidão armada:
Vinguemo-nos (gritando), companheiros,
Bem que foram seus raios verdadeiros.

XLI

Jararaca depois (que é sacro rito)
Lança furioso as mãos a quanto abrange,
E abrindo a enorme boca em fero grito,

---

[16] Ou "sus": "eia!", "avante!".

[17] Chamamento ritual à guerra.

E escuma e freme e ruge e os dentes range;
Como do mal hercúleo o enfermo aflito
A convulsão a retrocer[18] constrange:
Depois, falando aos príncipes, bafeja,
E o espírito de força lhes deseja.

XLII

Cerimônia esta foi do pátrio uso,
Vestígio nacional da antiga idade,
Que acaso corrompeu mágico abuso,
Tendo talvez princípio na piedade:
Retumba do marraque o som confuso,
E, pondo em alto o seu, com gravidade,
À insígnia, no chão tudo se inclina,
Como a sinal de cousa mais divina.

XLIII

Corresponde o belígero instrumento
Da feral frauta ao bárbaro marraque;
E promulgando a marcha àquele acento,
Tudo em ordem se pôs ao fero ataque:
Marcham contra Gupeva, com intento
De meter nas cabanas tudo a saque;
E porque tudo assombrem com terrores,
Rompem o ar com bélicos clamores.

XLIV

Entanto no arraial do bom Gupeva,
Sendo a invasão noturna rechaçada,
Convocam-se reclutas[19], fazem leva
De tropa nacional e da aliada.
Enquanto Diogo, a quem a ação releva,
Toma na gruta a pólvora guardada,
E em vários fogos, que arrojou volantes,
Imita o raio em bombas fulminantes.

XLV

Era a Bahia então, donde imperava

[18] Retorcer.
[19] Outra forma de "recrutas".

O bom Gupeva, povoada em roda
Pelos tupinambás, de quem contava
Trinta mil arcos, brava gente toda:
Taparica seis mil valente armava;
E por cumprir-se a prometida boda,
Mil amazonas mais à guerra manda:
Paraguaçu gentil todas comanda.

XLVI

Paraguaçu, que de Diogo esposa
(Porque mais Jararaca se confunda)
Ia a seu lado a combater briosa,
Nem teme a multidão que o campo inunda:
Usa com ela a tropa belicosa
Da vulgar seta, do botoque e funda;
Leva a amazona um rígido colete,
E co'a espada de ferro o capacete.

XLVII

Com estas forças só (que mais recusa)
Sai Diogo à campanha guarnecido,
Nem sofre a forma do marchar confusa,
Mas tudo tem com ordem repartido:
Outro corpo maior de que não usa
Deixa em guarda das tabas prevenido;
Tupinaquis, viatanos, poquiguaras,
Tumimvis, tamviás, canucajaras.

XLVIII

Não mais de duas léguas adiantado,
O arraial se alojava de Diogo,
Quando o ardente planeta[20] vai queimando
A tórrida região com vivo fogo;
E enquanto expira no ar zéfiro[21] brando,
Buscando numa sombra o desafogo,
Medita a grande ação, mede o perigo,
Nem despreza por bárbaro o inimigo.

---

[20] O Sol.

[21] Brisa.

XLIX

Vê bem que espanto causa a invenção nova,
Mais que o tempo consome a novidade.
Tem sim um peito d'aço feito à prova,
Mas, vendo do inimigo a imensidade,
Por mais que balas o mosquete chova,
Reconhece em vencer dificuldade,
Tendo notado já na bruta gente
Que era tão contumaz, como valente.

L

Pensava assim com reflexão madura,
Quando à roda do outeiro divisava
Densa nuvem de pó, que em sombra escura
A multidão confusa levantava:
Não cessa um ponto mais: tudo assegura,
E sem temer a turba que observava,
Marcha a ganhar o alto; e posto à fronte,
Deu à tropa em cordão por centro o monte.

LI

Já se avistava o bárbaro tumulto
Das inimigas tropas em redondo;
E antes que empreendam o primeiro insulto,
Levanta-se o infernal medonho estrondo:
Os marraques, uapis[22] e o brado inculto,
Todos um só rumor, juntos compondo,
Fazem tamanha bulha[23] na esplanada,
Como faz da tormenta uma trovoada.

LII

Tu, rápido Pagé, foste o primeiro
De quem o negro sangue o campo inunda;
Que com seres no salto o mais ligeiro,
Mais ligeira te colhe a cruel funda[24]:
Paraguaçu lh'atira desde o outeiro;

---

[22] Instrumento de percussão usado pelos indígenas nas guerras.
[23] Alarido.
[24] Laçada de couro ou corda para arremessar projéteis.

Chovem as pedras, de que o monte abunda;
E do lado, e de cima do cabeço,
Tudo abatem com tiros de arremesso.

LIII

Não ficou no combate entanto ociosa
A frecha do inimigo, que o ar encobre;
Começa Jararaca a ação furiosa,
Dando estímulo ousado ao valor nobre:
E a turba de Diogo receosa
Foge do grão tacape, onde o descobre:
Que tanto estrago faz, que qualquer fera
Maior entre cordeiros não fizera.

LIV

Mas quando tudo com terror fugia,
O bravo Jacaré se lhe põe diante:
Jacaré, que se os tigres combatia,
Tigre não há que lhe estivesse avante.
Treme de Jararaca a companhia,
Vendo a forma do bárbaro arrogante,
Que, com pele coberto de pantera,
Ruge com mais furor que a própria fera.

LV

Avista-se um co'outro: a maça ardente
Deixam cair com bárbaro alarido;
Corresponde o clamor da bruta gente
E treme a terra em rodado mugido:
Aparou Jacaré no escudo ingente
Um duro golpe, que o deixou partido;
E enquanto Jararaca se desvia,
Quebra a maça no chão, com que o batia.

LVI

Nem mais espera o caeté furioso,
E qual onça no ar, quando destaca,
Arroja-se ao contrário[25] impetuoso,

---

[25] Na acepção de "adversário".

E um sobr'outro co'as mãos peleja ataca:
Não pode discernir-se o mais forçoso[26];
E sem mover-se em torno a gente fraca,
Olham lutando os dous no fero abraço,
Pé com pé, mão com mão, braço com braço.

LVII

Porém enquanto a luta persistia,
No sangue em terra lúbrico escorrega
O infeliz jacaré, mas na porfia
Nem assim do adversário se despega:
Sobre o chão um com outro às voltas ia,
E qual o dente, qual o punho emprega,
Até que Jararaca um golpe atira,
Com que rota a cabeça o triste expira.

LVIII

Nem mais espera de Gupeva a gente;
Porque voltando em rápida fugida,
Deixam nas mãos do bárbaro potente
Toda a batalha numa ação vencida:
Não tarda mais Diogo já presente;
E tendo ao lado a esposa protegida,
Do outeiro desce, donde tudo observa,
E invade armado a bárbara caterva.

LIX

Quem poderá dizer da turba imbele[27]
Quantos a forte mão talha em pedaços?
Paraguaçu valente ao lado dele
Muitos mandava aos lúgubres espaços:
Semeando por donde o golpe impele
Troncos, bustos, cabeças, pernas, braços;
Nem um momento a fraca gente aguarda
Vendo-a brandir a lúcida alabarda.

LX

O membrudo pai com três potentes

---

[26] Na acepção de "o mais forte".

[27] Não belicosa.

Robustos filhos degolou co'a espada,
E a dous nobres caetés dos mais valentes,
Tendo a mão para o golpe levantada,
Com dous reveses, que lhe atira ardentes,
Deixou pendentes no ar co'a mão cortada;
Bambu de um talho que a assaltá-la veio,
Co'a cabeça ficou partida ao meio.

LXI

Muitos sem nome despojou da vida.
E a quanto encontra o ferro não perdoa:
Qual se os cachorros perde embravecida,
No caçador se arroja a fera leoa,
E entre mil dardos, de que a tem cingida,
Dando-lhe asas a dor, saltando voa,
E ruge e morde, e no que encontra embarra[28],
E onde não pode dente, imprime a garra.

LXII

Tal a forte donzela move a espada,
Ou talvez lança mão do dardo agudo,
E de mil e mil golpes fulminada,
Rebate todos no colete e escudo.
As amazonas, de que vem rodeada,
Vendo sobre a heroína correr tudo,
Onde quer que os contrários se apresentam,
Acometem, degolam, e afugentam.

LXIII

Por outro lado o valeroso Diogo
A multidão dos bárbaros subjuga,
E uns precipita no tartáreo fogo,
Outros obriga com terror à fuga:
Mas uns detém co'a espada, outros com rogo
Urubu, que do sangue a fronte enxuga,
E, opondo-se entre os mais a Diogo ardente,
Restitui a batalha e anima a gente.

---

[28] Vai de encontro, choca-se.

LXIV

Urubu, que na brenha exercitado
Um tigre, que na caça à mãe roubara,
Tendo-o junto de si domesticado,
A combater consigo acostumara,
Lança-o a Diogo: o monstro arrebatado
Entre as presas cruéis, que arreganhara,
Ia apesar dos férreos embaraços,
Com garra e dente a pô-lo em mil pedaços.

LXV

Mas o herói, bem que de outros investido,
Enquanto a fera no ar saltando tarda,
Tendo-se ao fero assalto prevenido,
Dispara-lhe na fronte uma espingarda:
E qual raio da nuvem despedido,
Quando a fera que o ímpeto retarda,
Trêmula ao golpe a vacilar começa,
Salta-lhe em cima e corta-lhe a cabeça.

LXVI

Ao estrépito, ao fogo, ao golpe horrendo,
À fumaça do tiro ocasionada,
Ao ver o busto sobre o chão tremendo,
E a terrível cabeça sobre a espada,
A imensa multidão que o estava vendo,
Cai por terra sem ânimo assombrada,
E alguns, que em pé tremendo se suspendem,
Ao grão Caramuru todos se rendem.

LXVII

Jararaca entretanto que seguira
Os que fugiram no primeiro insulto,
Por encontrar Gupeva tudo gira,
Que nas cabanas se emboscara oculto:
Ia-o buscando o bárbaro, que ouvira
Daquela parte o bélico tumulto,
Com tenção de expugnar a taba ingente,
Matar Gupeva e cativar-lhe a gente.

LXVIII

Na toca algum das árvores imensas,
Algum em meio às ramas se escondia;
Muitos se emboscam pelas selvas densas,
Outro em covas profundas que sabia:
Porque andando em contínuas desavenças,
Qualquer ao noto[29] asilo recorria,
Onde entrando o inimigo, sem prevê-lo,
Saem de toda a parte a acometê-lo.

LXIX

Enquanto a selva passeava escura
De imortais arvoredos rodeada,
Foi Jararaca que a cuidou segura,
Ferido sobre o pé de uma frechada:
Ficou-lhe a planta sobre a terra dura
Em tal maneira com o chão cravada,
Que por mais que arrancá-la dali prove,
Despedaça-se o pé, mas não se move.

LXX

Corre a turba a salvá-lo, e em continente
Voam mil setas desde a espessa rama,
E cad'árvore ali do bosque ingente
Um chuveiro de tiros lhe derrama:
Cada tronco é um castelo: ao lado e frente
A oculta multidão, bramindo clama;
E o resto, que em cavernas se escondia,
Ao rumor da vitória concorria.

LXXI

Já mal resiste o Caeté cercado,
E o bom Gupeva, que ao rumor concorre,
Um corpo de reserva trouxe armado,
Que à inclinada batalha invicto corre.
Jararaca, que o pé tinha encravado,
Vendo que outro remédio o não socorre,
Por ter a vida e liberdade franca,

---

[29] Conhecido.

Deixa parte do pé e a seta arranca.

LXXII

Nos braços vai dos seus mal defendido,
Mas com a maça, que meneia horrenda,
Reprime forte o bárbaro atrevido,
Porque não haja quem se acoste e o prenda:
E tendo a sorte o caso decidido,
Cede raivoso da cruel contenda,
E ao sertão retirado não descansa,
Maquinando em furor nova vingança.

LXXIII

Paraguaçu, porém, de glória avara,
Seguia na vitória o gênio ativo;
E, incauta, de Diogo se apartara,
Cortando a retirada ao fugitivo:
Anima a multidão, que se emboscara,
Pessicava potente, por motivo,
Se prevalece a força do contrário,
De acudir ao socorro necessário.

LXXIV

Este vendo a donzela valerosa
Turbar com fúria a gente amedrontada,
Desde o alto lança de árvore frondosa
Grosso ramo, que cai de uma pancada.
Debaixo dele a heroína valerosa,
Co'grande peso pelo chão prostrada,
Ficou, falta de alento e semiviva,
Nas mãos do cruel bárbaro cativa.

LXXV

Corre a turba feroz contra a donzela,
Que depois que das armas deixa o peso,
Descobre a todos a presença dela,
E fica quem a prende ainda mais preso.
Da rude multidão, que corre a vê-la,
Há quem de a ver tão linda fica aceso,
Outro que de a ter visto em guerra armada
Ainda a teme com vê-la desmaiada.

LXXVI

Logo que respirou, novo ar tomando,
Sente no coração mais desafogo,
E alento pouco a pouco vai cobrando,
Até que, entrando em si, chama o seu Diogo:
Mas na turba que a cerca reparando,
Conhece-se cativa, e desde logo
Noutro fero desmaio fica absorta,
E cuida quem a vê que ficou morta.

LXXVII

Salvagem há que cuida de comê-la,
Nem muito se está morta se assegura;
E com fúria voraz contra a donzela
A gula acende com a chama impura.
Nem prezar-se costuma a forma bela
No fero coração da gente dura;
E em morrendo qualquer mulher, ou homem,
Choram muito e depois assam-no e comem.

LXXVIII

Paté com este intento a degolara,
Se a bela Mangarita que isto via
Desde o mato escondida o não frechara,
Deixando-lhe suspensa a mão que erguia:
Um troço[30] de amazonas volta a cara,
E a peleja de novo se acendia,
Sendo Paraguaçu, que jaz no meio,
O preço da vitória neste enleio.

LXXIX

Cotia, que marcara sempre ao lado
Da desmaiada heroína em paz ou guerra,
Por vingar, ou remir o corpo amado,
Co'fulmíneo tacape o campo aterra:
Piâ, Cipô, Açû, deixou prostrado,
E faz que a grã Baleia morda a terra,

[30] Corpo de tropas.

Baleia, que acomete vingativa,
Por guardar a donzela semiviva.

LXXX

Nem tu, Guarapiranga, à mão formosa
Pudeste evadir na horrível luta,
Que enquanto a inúbia[31] soas horrorosa,
Com que às armas se acende a gente bruta,
Cotia com a espada valerosa
A música feral que se te escuta,
Nos antros retumbar te faz no averno
Melodia que é digna só do inferno.

LXXXI

Tudo cede à amazona, e já salvava
Paraguaçu mortal da gente fera,
Quando o grão Pessicava, que observava
O estrago, que a amazona ali fizera,
Acomete o esquadrão com fúria brava,
E tudo afugentando o tempo espera,
Em que a impulso do braço alcance forte
Degolar a Cotia de um só corte.

LXXXII

Espera ela sem medo, apenas vira
Do bárbaro feroz o golpe incerto,
E veloz a uma toca se retira,
Que tinha em duro tronco o tempo aberto:
Porém repete ali com maior ira
Pessicava outro golpe, e por acerto
Na valerosa Paca imprime o tiro,
Que tomou com Cotia este retiro.

LXXXIII

Enquanto entrava o bárbaro, e na luta
Um e outro se abraça, o forte Diogo,
Que o caso da sua bela infausto escuta,

---

[31] Instrumento de sopro indígena, parecido com uma trombeta, usado na guerra.

Toma a espingarda e parte em fúria, logo:
Qual pólvora encerrada dentro à gruta,
Quando na oculta mina se deu fogo,
Arroja penha e monte, e o que tem diante,
Tal se envia em furor o aflito amante.

LXXXIV

Tinha afogado Pessicava entanto
A amazona infeliz, e a mão lançava
Já de Paraguaçu, que, no quebranto
Apenas levemente respirava.
E eis que inventando Diogo um novo espanto,
Traz um tambor que horríssono[32] soava;
E logo que o arcabuz com bala atira,
Cai Pessicava e morde o chão com ira.

LXXXV

Mas não espera a tímida manada,
Ouvindo o estrondo e os hórridos efeitos:
Quem parte logo em fúria declarada,
E quem lhe rende humilde os seus respeitos:
Paraguaçu, porém, desassombrada,
Sendo os contrários com terror desfeitos,
Acordou num suspiro, e solta viu-se;
E, conhecendo Diogo, olhou-o e riu-se.

[32] Que produz um som aterrorizador.

I

Débil entanto a luz sobre o horizonte
Os seus trêmulos raios apagava,
E desde o ocidental imenso monte
A noite pelas terras se espalhava:
Morfeu[1], deixando os montes de Aqueronte[2],
Nos seios dos mortais se derramava,
Mas da bárbara gente que fugia
Só s'entregava ao sono a que morria.

II

Fatigado Diogo ao lado estava
E a bela esposa numa grã floresta;
Nem ao preciso sono lugar dava
Na atenção de a guardar da gente infesta:
Um de outro os sucessos escutava,
Nutrindo em novo fogo a chama honesta;
Que depois de um triunfo do inimigo,
Faz-se doce a memória do perigo.

III

Ao resplendor da lua que saía,
Misturava-se o horror com a piedade,
Porque em lagos de sangue só se via
Sanguinolenta, horrível mortandade:
O vale igual ao monte parecia,
E do estrago na vasta imensidade,
O outeiro estava donde foi o assalto,
Com montes de cadáveres mais alto.

---

[1] Na mitologia grega é o deus dos Sonhos, filho do Sono e da Noite.
[2] O mitológico rio dos mundos ínferos.

IV

Não pôde vê-lo a bela americana,
Sem que a tocasse um triste sentimento;
E ou fosse condição da gente humana,
Ou do seu sexo um próprio movimento:
Chorou piedosa a sorte desumana
Dos que apartados do terreno assento
Jaziam, como ouvira de Diogo,
Nas labaredas de um eterno fogo.

V

E como (compassiva disse) é crível
Que um Deus, como me pintas, bom e amável,
Sabendo o que há de ser e o que é possível,
Nos crie para fim tão miserável?
Antevendo um sucesso tão terrível,
Não parece crueldade inescusável
Dar-lhe o ser, dar-lhe a vida, dar-lhe a mente,
Para vê-los arder eternamente?

VI

Quantos criar pudera que o servissem,
Deixando de criar quem o agravasse,
Onde todos a vê-lo ao céu subissem,
E as obras que produz todas salvasse?
Nossos pais se dos filhos tal previssem,
Quanto fora cruel quem os gerasse?
E creremos da excelsa grã bondade
Que ceda a nossos pais na humanidade?

VII

Segredos são (diz Diogo) da inscrutável[3]
Majestade de Deus: que saberemos
Do seu modo de obrar sempre inefável,
Se o que somos e obramos não sabemos?
Faltando-nos razão clara e provável
Nos conselhos de Deus, que ocultos vemos,

[3] Inescrutável.

E bem que toda a dúvida se acabe,
Porque ele pode mais, do que o homem sabe.

VIII

Mas, se há lugar à humana conjectura
Dos possíveis na longa imensidade,
Não se podia achar uma criatura,
Que goze d'impecável liberdade:
Uma firme inocência é a graça pura,
É mercê liberal da Divindade,
E quem entanto a perguntar se atreve,
Porque lha não quis dar, quem lha não deve?

IX

Desde a origem da imensa eternidade,
Que tudo sem princípio ordena e rege,
Devemos presumir da Divindade
Que onde o ótimo encontra, em tudo o elege:
E sendo em nós tão grande a iniqüidade,
Não temos cousa que a qualquer se inveje,
Onde se os mais possíveis vendo fores,
Nós fomos os eleitos por melhores.

X

Embora seja assim (disse a donzela);
Mas que culpa têm estes, que o ignoravam?
Não cuida acaso Deus, ou pouco zela
As almas, que entre nós se condenavam?
E senão, porque causa aos mais revela
As doutrinas que aos nossos se ocultavam?
Distava mais do céu a nossa gente,
Porque medeia o mar d'este a poente?

XI

Tornai a culpa a vós, e a vós somente
(O herói responde assim). Se com estudo
Procurais sobre a terra o bem presente,
Porque não procurais o autor de tudo?
Para o mais tendes lume, instinto e mente;
Somente contra Deus buscais o escudo

Em a vossa ignorância à brutal culpa!
Essa ignorância é crime e não desculpa.

XII

Porém já da fatiga desvelada
Cerrava Paraguaçu[4] seus olhos claros,
Tendo-a Diogo na fé mais confirmada,
Com responder prudente aos seus reparos:
Enquanto a bruta gente aprisionada,
Mostrando-se da vida nada avaros,
Dançam e bebem com tripúdio forte,
E esperam, como boda, a cruel morte.

XIII

Gupeva triunfante na grã taba
O infausto prisioneiro à morte guia,
E antevendo que a vida se lhe acaba,
A mulher cada um lhe oferecia:
Trazem-lhe o peixe, as carnes, a mangaba,
Brindando-lhe o licor, que a taça enchia,
Até que quando menos se recorda,
Dous salvagens o prendem numa corda.

XIV

Soltas as mãos lhe ficam, que maneia,
Nem o tem mais que em meio da cintura
A soga[5] de algodão, como cadeia,
Que de uma parte e de outra os assegura:
Qual leoa feroz na maura[6] areia,
Quando o laço no ventre a tem segura,
Toda da fronte a cauda se retorce,
E ruge e vibra a garra, e o corpo torce.

XV

Muitos então da furibunda gente
Dizem-lhe injúrias mil, com mil insultos,

---

[4] Em algumas edições lê-se a forma sincopada, "P'raguaçu". Seguimos as edições de 1878 e 1913, que adotaram "Paraguaçu"; aqui o verso tem onze sílabas.

[5] Corda.

[6] Moura.

Que ele se esforça a rebater valente,
Sem que receie os bárbaros tumultos:
Algum ali chegando ao paciente
(Que tem por cousa vil morrer inultos[7])
Dá-lhe um cesto de pedras recalcado,
Com que atirando aos mais, morra vingado.

XVI

Embiara e Mexira, dous possantes
Mancebos caetés de um parto vindos,
Que Ainubá dera à luz tão semelhantes,
Como tenros na idade e em gesto lindos,
Muitas donzelas, que os amaram dantes,
Os belos dias seus choravam findos,
Mitigando o desgosto de perdê-los
Com a intenção que tinham de comê-los.

XVII

Estes na corda têm os da Bahia,
Dispostos a morrer no torpe abuso
De celebrar com sangue o fausto dia
Das vítimas triunfais ao pátrio uso:
Embiara, que com arte a pedra envia,
Muitas no povo disparou confuso,
E apesar dos escudos, que põe diante,
Alguns feriu da turba circunstante.

XVIII

Uma grã pedra ao ar nas mãos levanta,
E erguendo os braços sobre a fronte a atira,
Lança por terra alguns, outros quebranta,
E esmaga com o peso o grão Tapira:
Outras três arrojou com fúria tanta,
Que, se d'atorno a gente não fugira,
Com os tiros, que o bravo lhe dispara,
Em vingança cruel no chão ficara.

XIX

Mexira noutro lado era detido

---

[7] Invingado, que não teve desforra.

Com o duro cordão; porém, sem medo,
Ao bárbaro Piri, que o tem cingido,
Esmigalha a cabeça c'um penedo:
Foge o povo com pedras rebatido;
Mas Mexira, na corda atado e quedo[8],
Com três pedaços de uma ingente roca
Uns derriba no chão e outros provoca.

XX

Sai então Tojucane em campo ardente,
E ao som dos seus marraques aplaudido,
Um cinto tem de plumas sobre a frente,
Manto ao ombro de pluma entretecido:
Tinto de negro todo, a cor somente
Traz natural no vulto enfurecido;
E por meter no horror maior respeito,
Com o beiço inferior[9] varria o peito.

XXI

A cara, peito, braços (vista horrenda!)
Traz com golpes cruéis acutilados,
Golpes com que o valor se recomenda,
Feitos da própria mão com talhos dados:
Onde se a chaga apodreceu tremenda,
Em meio do asco e horror desfigurados,
Vendo a gente brutal que um não se dói,
Este então (que ignorância!) é o seu herói.

XXII

Desta arte Tojucane armado vinha,
Posto ao vê-lo em silêncio, em pasmo tudo;
Atira-lhe Embiara (que ainda o tinha)
Um penedo, que rompe o forte escudo:
O tacape ele não desembainha,
Que de plumas ornou com belo estudo,

---

[8] Quieto.

[9] Em algumas edições usou-se a forma sincopada "inf'rior". Seguimos as edições de 1836, 1878 e 1913, que optaram por "inferior", ficando um verso de onze sílabas.

E encostando-se ousado à longa corda,
Aos dous fortes irmãos falando aborda.

XXIII

Não sois vós (disse o bárbaro), traidores,
Os que a matar-nos com furor viestes,
E sem respeito aos míseros clamores
Os nossos tenros filhos já comestes?
Somos (disseram) nós: os teus furores
Sem o laço, em que agora nos prendestes,
Soubéramos domar; e assim cativo,
A ver-me solto, te comera vivo.

XXIV

Vivo, nem morto a mim me não tocaras,
Porque se braço a braço te mediras,
Ou imóvel de espanto em pé ficaras,
Ou de um só golpe (diz) no chão caíras:
Verias bem, se agora nos soltaras,
Como logo (responde) me fugiras;
Não queira de valente ser louvado,
Quem pretende triunfar de um desarmado.

XXV

Esse vão pensamento melhor fora
Que o tiveras, como eu, no campo, bravo;
Mas tu (diz Tojucane) na mesma hora
Te viste combatido e foste escravo:
Como te atreves a gloriar-te agora
Com vil jactância, com soberbo gavo[10]?
A quem de resistir falta a constância
Vão fica mais lugar para a jactância.

XXVI

Dizendo assim, na fronte a espada ingente
Deixa o fero cair com golpe horrendo,
Cai por terra Embiara ainda vivente;
Mexira morto já, porém tremendo:
Mordeu aquele o chão com fúria ardente,

[10] Gabo, vaidade.

E em cima o matador co'pé batendo:
Morre, soberbo, diz, e serás vasto
Para nosso troféu vingança e pasto.

XXVII

Qual se diz que a Tifeu[11] subjuga um monte,
Tal a planta cruel Embiara oprime;
E como a cobra faz, se junto à fonte
Toda em nós quebrantada se comprime:
Retorcendo em mil voltas cauda e fronte,
Que ergue, vibrando a língua, no ar sublime,
Tal o infeliz morrendo em voltas anda,
E o espírito exalado às sombras manda.

XXVIII

Chega às cruentas vítimas chorosa,
Femínea tropa, que com dor lamenta;
E urlando todas com a voz maviosa,
Tudo vai repetindo a plebe atenta.
Depois daquela lástima enganosa,
Qualquer junto aos cadáveres se assenta,
E vão talhando pés, cabeças, braços,
E as vítimas fazendo em mil pedaços.

XXIX

Chamam "moquem" as carnes, que se cobrem,
E a fogo lento sepultadas assam;
Tudo em cima com terra e rama encobrem,
Onde o fogo depois com lenha façam:
Entanto as voltam, cobrem e descobrem,
Até que do calor se lhe repassam;
Detestável empresa, que escondiam
Da indignação de Diogo, a quem temiam.

XXX

Foi avisado o herói do ato execrando,
Horrível pasto de nação perversa.
E a maneira oportuna meditando
Da bárbara função deixar dispersa:

[11] Trata-se do gigante mitológico Tífon.

Mil fogos de artifício ia espalhando,
De horrível forma e de invenção diversa.
Treme a vil turba, e sem que a mais se arroje,
Deixa o pasto cruel e ao mato foge.

XXXI

Confusa a infanda gente do sucesso,
Do grão Caramuru temia a vista,
Foge Gupeva, de terror opresso,
Nem sabe, em que maneira ao mal resista:
Mas o novo pavor na gente impresso
Mitiga Paraguaçu[12], que o dano avista,
Se, como teme, o povo de espantado,
O terreno deixasse abandonado.

XXXII

Jararaca entretanto conduzido
Dos bravos caetés à taba nota,
Diligente curava o pé ferido,
E em reparar cuidava a grã derrota:
E havendo no conselho a liga unido,
As forças representa, os meios nota,
E nigromante crê por perda tanta
O grão Caramuru, que o fogo encanta.

XXXIII

Já na grã taba os bárbaros se ajuntam,
Onde contra Diogo arte se estude,
E por magos famosos, que perguntam,
Recorriam de encantos à virtude:
Os nigromantes vêm que os corpos untam,
E nos sussurros do seu canto rude
Esperam que também ao forte Diogo,
Matando privem do temido fogo.

XXXIV

Um deles, que por sábio se acredita,
Não há (disse) quem possa a ardente frágua

---

[12] Vide nota 4 deste Canto V.

Apagar no trovão, que o raio excita,
Lastimosa ocasião da nossa mágoa:
Que se o antídoto ao fogo se medita,
Mais natural não há que lançar-lhe água:
Dentro n'água se apaga o fogo ardente;
E este é o meio, que ocorre de presente.

XXXV

Contra as vossas canoas não se atreve
O Filho do Trovão, se desce ao porto;
Vós o vereis sem força em tempo breve
Sair, qual já saiu das águas morto:
Ninguém há que não saiba como esteve,
Quando o encontramos náufrago no porto:
Nem usou do trovão, que espanta em terra,
Nem fez com fogo n'água, a horrível guerra.

XXXVI

São n'água, terra, e mar mui diferentes
Os anhangás, que reinam divididos;
Uns, que só no ar e fogo são potentes,
Causam ventos, trovões, raios temidos;
O terremoto e pestes sobre as gentes
Movem outros na terra conhecidos:
Este porém, que ao estrangeiro acode,
N'água não poderá, se em fogo pode.

XXXVII

Parece à rude gente este discurso,
Segundo os seus princípios concludente;
E ouvido com aplauso no concurso,
Votam na execução concordemente.
Toma a guerra portanto um novo curso,
E ao mar se envia a belicosa gente;
Nem capitão há mais, nem há pessoa,
Que não embarque em rápida canoa.

XXXVIII

Chamam canoa os nossos nesses mares
Batel de um vasto lenho construído,
Que escavado no meio, por dez pares

De remos, ou de mais voa impelido:
Com tropas e petrechos militares,
Vai de impulso tão rápido movido,
Que ou fuja da batalha, ou a acometa,
Parece mais ligeiro que uma seta.

XXXIX

Concorrendo as nações do sertão junto,
Trezentas, ou mais, arma Jararaca;
E tendo escolha, porque o povo é munto,
Deixa em terras das gentes a mais fraca.
E sendo da Bahia tão conjunto
O ilhéu de Taparica, este se ataca,
Na esperança que Diogo acudiria,
Vendo o sogro em perigo, que o regia.

XL

Repousava sem susto Taparica,
E confiado em Diogo e na vitória,
Gozava de uma paz tranqüila e rica,
Depois que a guerra terminou com glória;
E quando a rouca inúbia arma publica,
Tão longe tinha as armas na memória,
Que ignorando em sossego os seus perigos,
Nas mãos se foi meter dos inimigos.

XLI

Prendem o inerme chefe de improviso,
Acometendo a taba descuidada,
A chama e fumo dão infausto aviso
Ao bom Diogo da bárbara assaltada:
Nem impulso maior lhe era preciso,
Vendo a ilha dos bárbaros tomada:
Ocupa em pressa as armas e as canoas,
Sem mais que Paraguaçu[13] com cem pessoas.

XLII

Vinte bombas de pólvora tem cheias,

---

[13] Vide nota 4 neste Canto V.

De que uma parte já das naus salvara;
Quatro férreos canhões, que entre as areias
Por nadadores bons do mar tirara:
Metralhas, palanquetas[14] e cadeias,
Pistolas e fuzis, que preparara;
Canoas três de pólvora e resina,
Que lançar nas contrárias determina.

XLIII

Forma-se em meia-lua a vasta armada,
Cuidando de encerrar Diogo em meio,
E com nuvens de frechas condensada
A áurea luz do Sol a impedir veio:
Firme estava do herói a turba irada;
E coalhando-se o mar de lenhos cheio,
Retumba o eco na Bahia toda
Pela gente brutal que urlava em roda.

XLIV

Até que a tiro os vê do bronze horrendo;
E sem mais esperar, dispara fogo,
Que tudo com metralha ia varrendo,
E a pique dez canoas meteu logo:
Saltam muitos de horror no mar, tremendo;
Alguns, deixando o remo, as mãos de Diogo
Com bombas ardem, que feroz lhe lança,
Outros a espada de vizinho alcança.

XLV

Confusas entre si vão flutuando
As canoas, que a gente não regia,
E uma vai sob'outras embarrando
Na desordem que todas confundia:
As três incendiárias arrojando,
Um dilúvio de fogo n'água ardia,
Com tal fumaça nas ardentes fráguas,
Que cobrindo-se o ar, fervem as águas.

---

[14] Barra de ferro, terminada por duas balas fixas, que era lançada por peças de artilharia, usada sobretudo nos combates navais.

XLVI

Qual, se na selva densa o fogo ateia,
Em colunas de fumo voa a chama,
E a labareda, que pelo ar ondeia,
Traspassando se vai de rama em rama:
Tal na Bahia de canoas cheia
Um dilúvio de fogo se derrama;
E o bárbaro, de horror, de espanto e mágoa,
Foge à morte do fogo e escolhe a d'água.

XLVII

Jararaca entretanto em terra estava,
Donde prendera o incauto Taparica,
E raivoso nas praias observava
Toda a frota naval, que em cinzas fica:
Foge dispersa a tropa que levava;
E logo que a vitória se publica,
Toda a ilha, que as armas arrebata,
O time do caeté subjuga, ou mata.

XLVIII

Nem já dos inimigos se descobre
Uma canoa só no lago ingente,
E o mar de mil cadáveres se cobre,
Sem que saiba aonde fuja a infeliz gente,
Que Gupeva entretanto a praia encobre
Embaraçando a fuga ao continente;
Grande parte desde a água o braço estende
E a liberdade com a vida rende.

XLIX

Não assim Jararaca, que na praia
Põe por escudo o infausto Taparica;
E ameaça matá-lo, quando saia
Em terra Diogo, que suspenso fica.
Vê o transe a filha e sobre as mãos desmaia
Do caro esposo, e pelo pai suplica:
E vê-se Diogo em lance embaraçado,
Sem saber como salve o desgraçado.

L

Atirar-lhe quisera; mas duvida,
Na intenção de matá-lo vacilante;
Vendo do sogro ameaçada a vida,
E quase sem alento a esposa amante:
Três vezes pôs a mira dirigida;
Três vezes se deteve a mão constante;
E em terra e mar a um tempo a ação retarda,
Jararaca ao bastão; ele à espingarda.

LI

Que mais espero (diz), feri-lo é incerto;
Mas é claro na mão desse inimigo
Que em qualquer caso enfim o dano é certo,
E cresce na tardança o seu perigo:
Disse e toma por alvo descoberto
A fronte do contrário, e neste artigo
Dispara o tiro e a bala lhe atravessa
De uma parte à outra parte da cabeça.

LII

Cai Jararaca em terra ao mesmo instante,
Qual penhasco que do alto se derroca,
Quando o raio, que o arroja fulminante,
Desde cima o arrancou da excelsa roca:
Num rio a terra se banhou fumante
Do negro sangue, donde pondo a boca
Morde raivoso a areia em que caíra,
E o torpe alento com a vida expira.

LIII

Já neste tempo se encontrava amigo
Taparica e Diogo em terno abraço,
Vendo por terra o pérfido inimigo,
Que tremendo ocupava um vasto espaço:
Paraguaçu, que aflita do perigo,
Sem sentido ficou no horrível passo,
Torna a si do desmaio e vê piedoso
O pai, que a tem nos braços, com o esposo.

LIV

Alegre vem do oposto continente
Em canoas Gupeva a Taparica,
Congratular-se com o herói valente
Que, morto Jararaca, em calma fica:
Pasma de ver o estrago a insana gente,
Que os arcos abatendo a paz suplica,
E respeitando a superior[15] potência,
Compensavam a paz com a obediência.

LV

Chegaram do sertão dez mensageiros
Em nome das nações que em guerra andavam,
Confirmando com pactos verdadeiros
A inteira sujeição que ao luso davam:
Vêm entr'eles os príncipes primeiros,
E com os ritos que na pátria usavam,
Príncipe aclamam com festivo modo
O Filho do Trovão do sertão todo.

LVI

Nem duvidou Diogo, imaginando
Quanto domar importa a gente bruta,
Aceitar das nações o excelso mando,
E consigo prudente os fins reputa:
Ouve-se em nome seu público bando,
Que a bárbara caterva humilde escuta,
Em que todo o homicídio se proíbe,
E com pena de morte a culpa inibe.

LVII

Julga, porém, ao ver inveterada
A bárbara paixão na gente cega,
Que a grave pena ao crime decretada
Convém dissimular, se ao caso chega:
A tudo a gente bárbara humilhada
Só na gula cruel a emenda nega

[15] Em algumas edições lê-se a forma sincopada "sup'rior".

Por bárbara vingança carniceira,
Que tanto pode a educação primeira.

LVIII

Não tardou logo a ocasião de vê-lo,
Porque, apenas deixara a companhia,
O próprio Taparica, sem temê-lo
Ao convite cruel se prevenia:
Bambu, que fora ao ponto de prendê-lo,
Quem lhe lançara as mãos com ousadia,
Preso em canoa o régulo[16] conserva,
Por pasto infando à bárbara caterva.

LIX

Estava o desditoso encadeado,
Exposto a mil insetos que o mordiam;
Nem se lhe via o corpo ensangüentado
Que todos os marimbondos lhe cobriam:
Corria o negro sangue derramado
Das cruéis picaduras que lhe abriam;
E ele, imóvel e tanto em tosco assento,
Parecia insensível no tormento.

LX

Vendo Diogo o infeliz quanto padece
No modo de penar mais desumano,
Maior a tolerância lhe parece
Do que possa caber num peito humano:
E como autor do crime reconhece
Do cruel sogro o coração tirano,
Oferece a Bambu, que a morte ameaça,
Socorro amigo na cruel desgraça.

LXI

Perdes comigo o tempo (disse o fero),
Ao que vês, e ainda a mais vivo disposto;
A liberdade, que me dás, não quero,
E da dor, que tolero, faço gosto:

---

[16] Chefe de um Estado bárbaro.

Assim vingar-me do inimigo espero,
Disse; e sem se mudar do antigo posto,
As picadas cruéis tão firme atura,
Como se penha fora, ou rocha dura.

LXII

Se o motivo, diz Diogo, porque temes,
É porque escravo padecer receias,
E tens por menos mal este, em que gemes,
Do que uma vida em míseras cadeias:
Depõe o susto, que sem causa tremes;
Penhor te posso dar, porque onde creias,
Depondo a obstinação do torpe medo,
Que a vida e liberdade te concedo.

LXIII

Aqui da fronte o bárbaro desvia
Dos insetos co'a mão a espessa banda;
E a Diogo, que assim se condoía,
Um sorriso em resposta alegre manda.
De que te admiras tu? Que serviria
Dar ao vil corpo condição mais branda?
Corpo meu não é já, se anda comigo,
Ele é corpo em verdade do inimigo.

LXIV

O espírito, a razão, o pensamento
Sou eu e nada mais; a carne imunda
Forma-se cada dia do alimento,
E faz a nutrição, que se confunda:
Vês tu a carne aqui, que mal sustento?
Não a reputes minha: só se funda
Na que tenho comido aos adversários;
Donde minha não é, mas dos contrários.

LXV

Da carne me pastei continuamente
De seus filhos e pai; dela é composto
Este corpo, que animo de presente,
Por isso dos tormentos faço gosto.

E quando maior pena a carne sente,
Então mais me consolo, no suposto
De me ver no inimigo bem vingado,
Neste corpo, que é seu, tão maltratado.

LXVI

Impossível parece ao sábio herói
O que vê e o que escuta, e que assim possa,
Quando a carne mortal tanto se dói,
Vencer-se a dor da fantasia nossa:
Magoado interiormente se condói
De ver que no infeliz nada faz mossa[17],
Mostrando na brutal rara constância,
Com tal valor tão bárbara ignorância.

LXVII

Tinham disposto entanto no terreiro
As nações do sertão pompa festiva,
Criando Diogo principal primeiro
Com aplauso geral da comitiva.
Vê-se ornado de plumas o guerreiro,
E como em triunfo a multidão cativa,
E sobre os mais num trono levantado
Cingem de pluma o vencedor croado[18].

LXVIII

À roda, como em círculo, prostrados,
Sessenta principais das nações feras
Em nome de seus povos humilhados,
Submissões rendem com temor sinceras:
Tujucupapo, estando os mais calados,
Grão Filho do Trovão (disse) que imperas
Em terra e mar com glória combatendo,
Tudo domaste com o raio horrendo.

LXIX

Não te cedera, não, dos nossos peitos

---

[17] Isto é, "nada impressiona", "nada causa espanto".
[18] Coroado.

A varonil constância em guerra humana;
Nem da morte tememos os efeitos,
Se a contenda não fora sobre-humana:
Rendemos-te fiéis nossos respeitos
Depois que o teu valor nos desengana
Que em teus combates todo o céu te assiste;
E a quem socorre o céu quem lhe resiste?

LXX

As nações do sertão, já convencidas,
Põem a teus pés os arcos e as espadas;
Suspende o raio teu; protege as vidas
Desde hoje ao teu império sujeitadas:
E se tens, como creio, submetidas
As procelas, as chuvas e as trovoadas,
Não espante com fogo a humilde gente,
Mas faze-nos gozar da paz clemente.

LXXI

A teu comando estão sem replicar-te
Os povos deste vasto continente;
E farás com teu nome em qualquer parte
Que te obedeça a valerosa gente.
Faze com o favor que haja de amar-te,
Como a tens com terror feito obediente;
Que se troveja o céu na esfera escura,
A luz manda também formosa e pura.

LXXII

Não foi acaso (disse o herói prudente,
Respondendo ao discurso), foi destino
Querer o grão Tupá que a vossa gente
A mão conheça do poder divino:
Do céu, que sobre vós brilha luzente,
Se receberdes o sagrado ensino,
Livres com glória do tirano averno
Sobre ele reinareis num sólio[19] eterno.

---

[19] Assento real.

LXXIII

Porém, por serdes na ignorância rude,
Incapazes de ouvir o mais entanto,
Buscai com a razão maior virtude,
Implorando o favor do trono santo:
E quando a vossa fé pedi-lo estude,
Vereis da antiga serpe no quebranto
Florescer nesta pátria d'improviso
Uma imagem do ameno paraíso.

LXXIV

Disse o herói generoso; a turba imensa,
Em sinal de prazer com grata dança,
Vão em fileiras com a mão extensa,
Fazendo com os pés vária mudança:
Uma perna bailando tem suspensa,
E turma sobre turma em modo avança,
Que idéia dão dos bélicos ataques,
Retumbando entretanto os seus marraques.

LXXV

Os nigromantes, que o Brasil respeita,
Um marraque descobrem venerado;
Insígnia da nação, que ao povo aceita,
Consideram por símbolo sagrado:
O sacerdócio, como turma eleita
No ministério ao culto dedicado,
Pôs o bárbaro termo à função toda,
Bafejando nos príncipes à roda.

CANTO VI

I

Descansava no seio então Diogo,
Extinta a guerra, de uma paz dourada,
E o pavor do sulfúreo horrível fogo
Trazia a gente bárbara assombrada:
A remotas nações concorrem logo,
Desde a interna região mais apartada;
E tendo-o do trovão por viva imagem,
Vinha todo o sertão dar-lhe homenagem.

II

Muitos deles, dos povos subjugados,
Que o efeito viram da terrível chama,
Outros vinham somente convocados
Das heróicas ações, que conta a fama:
Trazem plumas e bálsamos prezados,
E outra rude opulência, que o povo ama,
E com os dons da americana Ceres[1]
Oferecem-lhe as filhas por mulheres.

III

Era antigo dos bárbaros costume,
Quando algum capitão foi bravo em guerra,
Ou se julgavam que o regia um nume,
Emparentá-lo[2] aos principais da terra:
Qualquer que de nobreza então presume
Do grão Caramuru que tudo aterra,
Procura, como nobre preminência[3],
Ter na sua prosápia a descendência.

---

[1] Na mitologia grega é a deusa da Agricultura.

[2] Isto é, os chefes das tribos buscavam tornar parentes ("emparentar") os que demonstravam heroísmo na guerra ou aqueles que, segundo supunham, eram protegidos pela divindade, casando-os com suas filhas.

[3] Variação de "preeminência".

IV

Tuibaé, dos tapuias chefe antigo,
Tiapira lhe oferece[4] celebrada;
E com a mão da filha deixa amigo
Uma ilustre aliança confirmada:
Xerenimbó trazia-lhe consigo
A formosa Moema já negada
A muitos principais, por dar-lhe esposo
Digno do tronco de seus pais famoso.

V

Muitas outras donzelas brasilianas
A mão do claro Diogo pretendiam,
Ou por prendas, que notam soberanas,
Ou por grandes ações, que dele ouviam:
A todos ele deu mostras humanas
Sem a fé lhe obrigar que pretendiam;
Mas, por não ofender as brutas gentes,
Trata os pais e os irmãos como parentes.

VI

Paraguaçu, porém, com fé de esposo
Parecia estimar distintamente,
Mostrando-lhe no afeto carinhoso
A sincera afeição que n'alma sente:
Amava nela o peito valeroso,
E o gênio dócil, com que à fé consente;
Amor que ocasionou, como é costume,
Em algumas inveja e noutras ciúme.

VII

Todas à bela dama aborrecendo,
Conspiram feras em tirar-lhe a vida;
Mas ela que o projeto alcança horrendo,
Deixar pretende a pátria aborrecida:
E na viagem da Europa discorrendo,
Deseja renascer à melhor vida;

---

[4] Em algumas edições lê-se a forma sincopada "of'rece". As edições de 1878 e de 1913, que seguimos, optaram por "oferece".

Impulso santo, que com justa idéia
Move Diogo a deixar aquela areia.

VIII

Agitado do vário pensamento,
Na margem se entranhou do vasto rio,
Que invocando o seráfico portento,
Chama de S. Francisco o luso pio:
E estando o Sol no seu maior aumento,
Quando sítio no ardor busca sombrio,
Numa lapa, que esconde alto mistério,
Foi achar para a calma o refrigério.

IX

Por mil passos a penha milagrosa
Estende em roda o giro dilatado;
Obra da natureza prodigiosa,
Quando o globo terráqueo foi criado.
Concavidade há ali vasta, espaçosa,
Onde tinha o Criador delineado,
Com capela maior, nave e cruzeiro,
Um templo, como os nossos, verdadeiro.

X

Largo trinta e três passos se estendia
O grão cruzeiro; a longitude[5] da mole
Por mais de outros oitenta discorria,
Lugar que não pisara humana prole:
O prospecto ext'rior de pedraria,
O interior pavimento é terra mole;
De jaspe[6] se levanta a grã portada,
Entre torres marmóreas fabricada.

XI

Dentro vêem-se magníficas capelas,
Sustentadas de esplêndidas colunas;
Pelo teto entre nuvens giram estrelas,

---

[5] Há edições em que se lê "longitud". A edição de 1913, que seguimos, traz "longitude", passando o verso a ter onze sílabas.

[6] Variedade do quartzo, geralmente de coloração vermelha.

E sobre o rio a um lado tem tribunas,
Que servindo-lhe a um tempo de janelas,
Dão luz a todo o templo; e quando lhe unas
Quantos prodígios o lugar encerra,
Maravilha maior não cobre a terra.

XII

Capela ali se vê de entalho nobre,
Obrado com desenho estranho e vário.
Onde efigiado em mármore, se cobre
Um natural belíssimo Calvário:
Vê-se a base da cruz, mas nada sobre,
De jaspe ainda melhor que Egísio, ou Pário,
E ao lado um posto em proporção distinta,
Onde a mãe e discípulo se pinta.

XIII

Chegado Diogo a ver prodígio tanto,
Pelo estranho espetáculo suspenso,
Penetra-se no peito de horror santo,
Por não sei que sagrado oculto senso:
Depois rompendo num devoto pranto,
Prostrado em terra, adora o Deus imenso,
Que quando ser ao mar e à terra dava,
O alicerce à grã fábrica lançava.

XIV

Eis aqui preparado (disse) o templo,
Falta a fé, falta o culto necessário;
E quanto era de Deus, feito contemplo
Tudo o que é de salvar meio ordinário:
Desta intenção parece ser exemplo
Este insigne prodígio extraordinário,
Onde parece que no templo oculto
Tem disposto o lugar e espera o culto.

XV

Quis mostrar nesta imagem porventura
Que esta gente brutal não desampara;
E que a qualquer humana criatura

O remédio da cruz justo prepara;
Que a estes do seu sangue dera a cura,
Se aos instintos, que têm, não repugnara;
Que advogada nos deu de empresa tanta,
Preparando o lugar à Virgem Santa.

XVI

Oh queira, grão Senhor, vossa bondade
Suprir neles e em mim tanta miséria;
Pois de todos salvar tendes vontade,
Que por estes sinais mostrais tão séria:
Que se olhais para a nossa iniqüidade,
Achareis de punir tanta matéria,
Que a antiga culpa pelos seus abrolhos[7]
A ninguém deixa justo aos vossos olhos.

XVII

Dali surcando[8] o rio caudaloso,
Vai o noto Recôncavo buscando,
Por ver se inchada vela o pego undoso
A rumo oriental vai navegando:
Nem temeria o pélago[9] espaçoso
Ir na leve canoa atravessando,
Se o perigo, que imenso considera,
Pelo dano da esposa não temera.

XVIII

Ergue-se sobre o mar alto penedo,
Que uma angra à raiz tem, das naus amparo,
Onde das ramas no intrechado[10] enredo
Causa o verde prospecto um gosto raro:
Ali morro coberto de arvoredo
A quem passeia o mar serve de faro[11];
Dão-lhe nome da costa os exp'rientes
Do glorioso apóstolo das gentes.

---

[7] Mágoas.
[8] Sulcando, navegando.
[9] Oceano, mar alto.
[10] Entrechado.
[11] Farol.

XIX

Aqui vê Diogo um casco, que encalhara,
Onde n'água se oculta hórrida penha,
Porque, ignorando a costa se arrojara,
Sem que esperança de socorro tenha:
Vê, como a chusma em terra se salvara,
Que a brutal gente cativar se empenha;
E presumindo o que era, na canoa
A defender os seus remando voa.

XX

E, temendo que cedam enganados
Ao bárbaro cruel os naufragantes,
Ou que fiquem sem armas cativados
Nas mãos desses penhascos ambulantes,
Faz-lhes sinais e deixa-os avisados,
Fazendo ver as armas rutilantes,
Da areia infinda e do cruel perigo,
E o seu socorro lhe oferece[12] amigo.

XXI

E quando o tiro de canhão se via,
Fez que se ouvisse a formidável tromba,
E ao eco do tambor que lhe batia
Dispara ao tempo mesmo a horrível bomba:
Treme de espanto o bárbaro, que ouvia;
E este pasma, outro foge, aquele tomba;
E o grão Caramuru já divisando,
Correm todos humildes ao seu mando.

XXII

Unidos do bom Diogo à comitiva
Socorrem com presteza a vela rota,
Onde a gente das águas semiviva
Vão leves conduzindo à praia nota:
Salvou-se-lhe a equipagem toda viva;
E para os preparar à grã derrota,

---

[12] Na errata à primeira edição e na de 1845, que seguimos, lê-se "lhe oferece". Na edição de 1836 adotou-se "lhe offrece"; na de 1878, "lhe of'rece"; nas de 1913 e 1945, "lhes of'rece".

Faz que a bárbara gente, dando ajuda,
À aflita multidão piedosa acuda.

XXIII

Paraguaçu, porém, com pio aviso
Cuida em prover de roupas e sustento;
E quanto lhe é possível, de improviso
Restab'lece-lhe as forças co'alimento,
Depois que se saciaram do preciso,
Diogo que o caso seu recorda atento,
Logo que a turba vê contente e junta,
Donde vêm? aonde vão? quem são? pergunta.

XXIV

Um entre outros, que o chefe parecia,
E sobre os mais da chusma dominava,
Depois de agradecer-lhe a cortesia
Na castelhana língua em que falava,
Somos (disse) da nobre Andaluzia,
Onde o chão hispalense[13] o Bétis lava,
Sócios se ouviste o nome de Arelhano,
E desde o Reino viemos Peruano.

XXV

Se a fama a vós chegou do valeroso
Domador das províncias peruanas;
E se Pizarro na orbe tão famoso
Não se ignora das gentes lusitanas:
Fomos dele mandados pelo undoso
Grão rio, que em correntes desce insanas,
Desde a grã cordilheira, que iminente
Aqui separa o ocaso do oriente.

XXVI

Novas ilhas buscando e novos mares
Depois de longos dias navegamos;
Já com procelas, já com brandos ares,
Ao conhecido oceano chegamos[14]:

---

[13] Isto é, o chão de Sevilha.

[14] Na edição de 1913 está registrado "Ao conhecido oceano *alfim* chegamos".

Os perigos, os casos singulares,
Que por mais de mil léguas toleramos,
Não contara, depois que no mar erro,
A ter o peito de aço e a voz de ferro.

XXVII

De sessenta e mais línguas diferentes
Vimos, descendo o rio, em curso imenso,
Incógnitas nações, bárbaras gentes,
E um povo inumerável, vasto e denso:
Montanhas vimos, campos mil patentes,
E um terreno nas margens tão extenso,
Que poderá ele só neste hemisfério
Formar com tanto povo um vasto império.

XXVIII

Mil vezes com canoas belicosas
Combatemos no rio e mil em terra,
Perseguidos de tropas numerosas,
Que ocupavam talvez o vale e a serra:
Nem cessava nas margens perigosas
De mil bravas nações a dura guerra,
Até que entrando nas ardentes zonas,
Chegamos à região das amazonas.

XXIX

Discorre com furor pela ribeira
Vasto esquadrão de tropa feminina,
Que em postura e contenho[15] de guerreira,
Assaltar nossa frota determina.
Sobre o sexo viril, turba grosseira,
O feminino sexo ali domina,
Onde no rio, porque a fama o conte,
Recordamos o antigo Termodonte[16].

XXX

E já o hispano leão domado houvera
Das amazonas o terreno infausto,

---

[15] Aparência.
[16] Rio localizado na Ásia Menor, próximo ao qual moravam as amazonas.

Se do clima infeliz nos não morrera
De mil fadigas Arelhano exausto.
A gente, pois, que o capitão perdera,
Não podendo esperar sucesso fausto,
Sobre este bergantim[17], que ali se adorna,
Ao solar pátrio, navegando torna.

XXXI

Não duvideis, responde o herói clemente,
De achar em mim socorro poderoso;
Que achais quem como vós do mar fremente
Aprendeu na desgraça a ser piedoso:
Tendes amiga mão, madeira e gente,
Com que o casco, que vedes ruinoso,
Reformando-se, torne do céu nosso
À desejada Espanha e Bétis vosso.

XXXII

Disse; e ordenando a turba americana,
Assiste ao fabro na naval fadiga;
E quanto lhe permite a força humana,
Faz que em breve o baixel seu rumo siga:
Nem se demora mais a gente hispana,
Que a convida a monção e o vento obriga:
Soltam a branca vela ao fresco vento,
E vão raspando o líquido elemento.

XXXIII

Felizes vós, diz Diogo, afortunados,
A quem da cara pátria é concedido
Tornar hoje aos abraços desejados,
Depois de tanto tempo a ter perdido!
Enquanto eu nestes climas apartados
Me vejo de seguir-vos impedido;
Que fiar temo de tão débil lenho
Outra vida que em mais que a própria tenho.

---

[17] Antiga embarcação a vela e remo, que atingia grande velocidade, com aproximadamente dez remadores, usada pelos portugueses no Oriente.

XXXIV

Dizendo assim, com calma vê lutando
Formosa nau de gálica[18] bandeira,
Que a terra ao parecer vinha buscando,
E a proa mete sobre a própria esteira[19]:
Vem seguindo a canoa, e sinais dando,
Até que aborda a embarcação veleira;
E de paz dando a mostra conhecida,
Às praias da Bahia a nau convida.

XXXV

A Gupeva entretanto e Taparica
Dava o último abraço, e à forte esposa
A intenção de levá-la significa,
A ver de Europa a região famosa:
Suspensa entre alvoroço e pena fica
Paraguaçu contente, mas saudosa:
E quando o pranto na sentida fuga
Começava a saudade, amor lho enxuga.

XXXVI

É fama então que a multidão formosa
Das damas que Diogo pretendiam,
Vendo avançar-se a nau na via undosa,
E que a esperança de o alcançar perdiam:
Entre as ondas com ânsia furiosa
Nadando o esposo pelo mar seguiam,
E nem tanta água, que flutua vaga,
O ardor que o peito tem, banhando apaga.

XXXVII

Copiosa multidão da nau francesa
Corre a ver o espetáculo assombrada;
E ignorando a ocasião da estranha empresa,
Pasma da turba feminil, que nada:
Uma que às mais precede em gentileza,
Não vinha menos bela, do que irada;

---

[18] Da França.

[19] O rastro na água deixado pela nau francesa.

Era Moema, que de inveja geme,
E já vizinha à nau se apega ao leme.

XXXVIII

Bárbaro (a bela diz), tigre e não homem...
Porém o tigre por cruel que brame,
Acha forças amor que enfim o domem;
Só a ti não domou, por mais que eu te ame:
Fúrias, raios, coriscos, que o ar consomem,
Como não consumis aquele infame?
Mas pagar tanto amor com tédio e asco...
Ah! que o corisco és tu... raio... penhasco.

XXXIX

Bem puderas, cruel, ter sido esquivo,
Quando eu a fé rendia ao teu engano;
Nem me ofenderas a escutar-me altivo,
Que é favor, dado a tempo, um desengano:
Porém deixando o coração cativo
Com fazer-te a meus rogos sempre humano,
Fugiste-me, traidor, e desta sorte
Paga meu fino amor tão crua morte?

XL

Tão dura ingratidão menos sentira
E esse fado cruel doce me fora,
Se o meu despeito triunfar não vira
Essa indigna, essa infame, essa traidora:
Por serva, por escrava te seguira,
Se não temera de chamar senhora
A vil Paraguaçu, que, sem que o creia,
Sobre ser-me inferior[20], é néscia e feia.

XLI

Enfim, tens coração de ver-me aflita,
Flutuar, moribunda entre estas ondas;
Nem o passado amor teu peito incita
A um ai somente, com que aos meus respondas:

---

[20] Em algumas edições lê-se "inf'rior". As edições de 1878 e 1913, que seguimos, optaram por "inferior".

Bárbaro, se esta fé teu peito irrita,
(Disse, vendo-o fugir) ah não te escondas;
Dispara sobre mim teu cruel raio...
E indo a dizer o mais, cai num desmaio.

XLII

Perde o lume dos olhos, pasma e treme,
Pálida a cor, o aspecto moribundo;
Com mão já sem vigor, soltando o leme,
Entre as salsas[21] escumas desce ao fundo:
Mas na onda do mar, que irado freme,
Tornando a aparecer desde o profundo,
Ah Diogo cruel! disse com mágoa,
E sem mais vista ser, sorveu-se n'água.

XLIII

Choraram da Bahia as ninfas belas,
Que nadando a Moema acompanhavam;
E vendo que sem dor navegam delas,
À branca praia com furor tornavam:
Nem pode o claro herói sem pena vê-las,
Com tantas provas, que de amor lhe davam;
Nem mais lhe lembra o nome de Moema,
Sem que ou amante a chore, ou grato gema.

XLIV

Voava então a nau na azul corrente,
Impelida de um zéfiro sereno,
E do brilhante mar o espaço ingente
Um campo parecia igual e ameno:
Encrespava-se a onda docemente,
Qual aura leve, quando move o feno;
E como o prado ameno rir costuma,
Imitava as boninas com a escuma.

XLV

Du Plessis, que os franceses governava,
Em uma noite clara à popa estando,
Os casos de Diogo, que escutava,

[21] Salgadas.

Admira no naufrágio memorando:
Depois do herói prudente perguntava
Quem achara o Brasil, o como e quando
Ganhara no recôndito hemisfério
Tanto tesouro o lusitano império?

XLVI

Dous monarcas (responde o lusitano)
Já sabes que no ocaso[22] e no oriente
Novos mundos buscaram pelo oceano,
Depois de haver domado a Líbia ardente:
E que onde não chegou grego, ou romano,
Passeia o forte hispano e a lusa gente,
Que instruídos na náutica com arte,
Descobriram do mundo outra grã parte.

XLVII

Do Tejo ao China o português impera,
De um pólo ao outro o castelhano voa,
E os dous extremos da redonda esfera
Dependem de Sevilha e de Lisboa:
Mas depois que Colon[23] sinais trouxera
(Colon, de quem o mundo a fama voa)
Deste novo admirável continente,
Discorda com Castela o luso ardente.

XLVIII

Já se dispunha à guerra sanguinosa;
Porém o comum pai aos dous intima
Arbítrio na contenda duvidosa,
Que a parte competente aos reis estima.
Desde Roma Alexandre imperiosa,
Deixando ambos em paz à empresa anima,
E uma linha lançando ao céu profundo,
Por Fernando e João reparte o mundo[24].

---

[22] Ocidente.

[23] O descobridor da América, Cristóvão Colombo.

[24] Trata-se da divisão das terras do novo continente, feita pelo papa Alexandre, cabendo metade ao rei Fernando, da Espanha, e metade ao rei João, de Portugal.

XLIX

Na vasta divisão que ao luso veio,
O precioso Brasil contido fica,
País de gentes e prodígios cheio,
Da América feliz porção mais rica:
Aqui do vasto oceano no meio
Por horrível tormenta a proa aplica
O ilustre Cabral com fausto ocaso
Sobre graus dezesseis do nosso ocaso.

L

Da nova região, que atento observa,
Admira o clima doce, o campo ameno,
E entre o arvoredo imenso, a fértil erva
Na viçosa extensão do áureo terreno:
Coberta a praia está de grã caterva
De incógnita nação, que com o aceno,
Porque a língua ignorava, à paz convida,
Erguendo-se o troféu do autor da vida.

LI

Era o tempo em que alegre ressuscita
A verde planta, que murchou no inverno;
E quando a solar meta o tempo excita,
Em que o rei triunfou da morte eterno:
Tão sagrada memória a frota incita
A celebrar ao vencedor do inferno
O sacrifício, dando a fé venera,
A paixão, que em tal tempo sucedera.

LII

Em frondosa ramada o lusitano
Um altar fabricou no prado extenso,
Donde assista ao mistério soberano
Da lusitana esquadra o povo imenso:
Ao rei triunfante do infernal tirano,
Odorífero fuma o sacro incenso,
E a vítima do céu, que a paz indica
A gente e nova terra santifica.

LIII

Notar o americano ali contende
Do sacrossanto altar o ato sublime[25];
E tanto a simples gente o aceno entende,
Que parece que a ação por santa estime:
Algum que olhava ao celebrante, empreende
O gesto arremedar, que orando exprime,
E as mãos une e levanta, e talvez solta,
E quando o vê voltar também se volta.

LIV

Como as nossas ações talvez espia
O peloso animal, que o mato hospeda,
E quando vê fazer, como à porfia,
Tudo posto a observar, logo arremeda:
Tal o gentio simples parecia,
Que nem um pé, nem passo dali arreda,
E ao santo sacrifício atento e mudo,
O que aos mais viu fazer, fazia-o tudo.

LV

Aqui depois que às turbas eloqüente
Dita o sacro orador pelo conceito,
E a fé dispensa no ânimo valente
Do nobre povo a propagá-la eleito,
Participa da ceia a cristã gente,
E o dom recebem com fiel respeito;
E é fama que Cabral, que os convocara,
Montando sobre um alto, assim falara:

LVI

Gloriosa nação, que a terra vasta
Vais a livrar do paganismo imundo,
A quem esse orbe[26] antigo já não basta,
Nem a imensa extensão do mar profundo:
Neste oculto país, que o mar afasta,
Tem teu zelo por campo um novo mundo;
E quando tanta fé seus termos sonde,

[25] A primeira missa celebrada nestas terras.
[26] Mundo.

Outro mundo acharás, se outro se esconde.

LVII

Oh profundo conselho! Abismo imenso
Do poder e saber do Onipotente!
Que estivesse escondida no orbe extenso
Tanta parte do mundo à sábia gente!
Cinqüenta e cinco séculos sem senso
Das nações deste vasto continente,
E em tanta indagação dos sábios feita,
Não cair-nos na mente nem suspeita!

LVIII

Mas combine-se o dia, o tempo, a hora,
Em que a alta Providência aqui nos guia;
Quando à ignorância Cristo o perdão ora,
Quando morre na cruz, no próprio dia:
Na bandeira do mar triunfadora
Tremulamos as chagas com fé pia,
E nelas quis à grei[27], que em sombras langue[28],
Vir neste dia a oferecer seu sangue.

LIX

Goza de tanto bem, terra bendita,
E na cruz do Senhor teu nome seja;
E quanto a luz mais tarde te visita,
Tanto mais abundante em ti se veja:
Terra de Santa Cruz tu sejas dita,
Maduro fruto da Paixão na igreja,
Da fé renovo pelo fruto nobre,
Que o dia nos mostrou, que te descobre.

LX

Dizendo assim, ajoelha, e cruz entanto
Sublime num outeiro se coloca;
O exército formado ao sinal santo
Se prostra humilde, pondo em terra a boca:
Pasma o gentio, e admira com espanto

---

[27] Congregação.
[28] Torna-se lânguida.

A melodia com que o céu se invoca,
Hino entoando à cruz pios cantores,
E respondendo as tropas e os tambores.

LXI

Terra, porém, depois chamou a gente
Do Brasil, não da Cruz; porque atraída
Douto lenho nas tintas excelente,
Se lembre menos do que o foi da vida:
Assim ama o mortal o bem presente,
Assim o nome esquece, que o convida
Aos interesses da futura glória,
Aos bens atento só da transitória.

LXII

Observa o bom Cabral todo o prospecto
Da imensa costa; e pelo clima puro,
Pelo abordo tranqüilo e mar quieto,
Chama o seio em que entrou Porto Seguro:
E olhando com saudade o doce objeto,
Do seu destino, se lamenta escuro,
Que pela empresa a que mandado fora
Não permite na armada outra demora.

LXIII

Manda depois ao luso dominante
Um aviso do clima descoberto;
Nem tarda Manuel então reinante
A enviar um cosmógrafo, que experto
Da escola[29] fora que o famoso infante
Para a náutica ciência tinha aberto,
E Américo[30] dispõe que ao Brasil parta,
De quem deu nome ao continente a carta.

LXIV

E por ter quem aos nossos interprete
Do ignorado idioma a escura sorte,
Alguns em terra condenados mete,

---

[29] A escola localizada em Sagres, fundada pelo Infante D. Henrique.
[30] Américo Vespucci (ou Vespúcio, na forma aportuguesada).

Devidos por delito à crua morte:
A vida como prêmio lhes promete,
Quando com peito se atravessem forte
A esperar no sertão nova viagem,
Aprendendo os rodeios da linguagem.

LXV

Com acenos depois à gente bruta
Os seus, que lhe deixava, recomenda,
E no claro perigo, em que os reputa,
Arma lhe deixa que na guerra ofenda:
Dá-lhe a espécie, que ali bem se comuta,
Em que possam tratar por compra e venda;
Espelhos, cascavéis, anzóis, cutelos,
Campainhas, fuzis, serras, martelos.

LXVI

Nem se demora mais a forte armada;
E convidando o vento, estende a vela,
Corre a bárbara gente amontoada
Ao embarque das naus da tropa bela:
E, ao que pode entender-se, magoada
Por saudade, que tem de mais não vê-la,
Com acenos e voz enternecida
Faziam a seu modo a despedida.

LXVII

Mais saudosos os tristes desterrados,
Correndo imenso risco a língua aprendem,
Recebendo alimentos comutados
Pelas espécies que ao gentio vendem:
Talvez os têm co'a cítara encantados,
Talvez com cascavéis todos suspendem;
Mas o objeto que à vista mais lhe assombra
É ver dentro do espelho a própria sombra:

LXVIII

Extático qualquer notando admira
Dentro ao terso[31] cristal a horrível cara:

[31]Limpo.

Pergunta-lhe quem é, como se ouvira,
E crendo estar no inverso o que enxergara,
De uma parte a outra parte o espelho vira;
E não topando o vulto na luz clara,
Tal há que o vidro quebra, por ver dentro
Se a imagem acha que observou no centro.

LXIX

Mas enquanto estes erram vagabundos,
Américo Vespucci e o forte Coelho
A longa costa e os seios mais profundos
Demarcavam no náutico conselho:
Descobridor também dos novos mundos
Foi Jacques na marinha esperto e velho,
De quem já demarcado em carta ouvimos
Esse ameno Recôncavo que vimos.

LXX

Eu depois destes na ocasião presente,
Quanto o vasto sertão nos encobria,
Descobri, pondo em fuga a bruta gente,
O Recôncavo interno da Bahia:
Notei na vasta terra a turba ingente
Que mais Europa toda não teria,
Se da grã cordilheira ao mar baixando,
Desde o Prata ao Pará se for contando.

LXXI

Dá princípio na América opulenta
Às províncias do império lusitano,
O Grão-Pará, que um mar nos representa,
Êmulo em meio à terra do oceano;
Foi descoberto já (como se intenta)
Por ordem de Pizarro, de Arelhano;
País que a linha equinocial tem dentro,
Onde a tórrida zona estende o centro.

LXXII

Em nove léguas só de comprimento,
Vinte e seis de circuito se espraia
No vasto Maranhão d'água opulento,

Uma ilha bela que se estende à praia:
Regam-lhe quinze rios o áureo assento,
E um breve estreito, que lhe forma a raia,
Pode passar por istmo, que a encadeia
À terra firme por mui breve areia.

LXXIII

O Ceará depois, província vasta,
Sem portos e comércio, jaz inculta;
Gentio imenso, que em seus campos pasta,
Mais fero que outros o estrangeiro insulta:
Com violento curso ao mar se arrasta
De um lago do sertão, de que resulta,
Rio, onde pescam nas profundas minas
As brasílicas pérolas mais finas.

LXXIV

Da fértil Paraíba não ocorre
Que informe a gente vossa, sendo empresa
Do comércio francês, que ali concorre
A lenhos carregar que a Europa preza:
Não mui longe da costa, que ali corre,
Uma ilha vedes de menor grandeza,
Que amena, fértil, rica e povoada,
É de Itamaracá de nós chamada.

LXXV

A oito graus do equinócio se dilata
Pernambuco, província deliciosa,
A pingue[32] caça, a pesca, a fruta grata,
A madeira entre as outras mais preciosa:
O prospecto, que os olhos arrebata
Na verdura das árvores frondosa,
Faz que o erro se escuse a meu aviso
De crer que fora um dia o paraíso.

LXXVI

Sergipe então d'el-rei, logo o terreno

[32] Na acepção de "farta".

De que viste a beleza e perspectiva;
Nem cuido que outro visses mais ameno,
Nem onde com mais gosto a gente viva:
Clima saudável, céu sempre sereno,
Mitigada na névoa a calma ativa;
Palmas, mangues, mil plantas na espessura,
Não há depois do céu mais formosura.

LXXVII

A quinze graus do sul, na foz extensa
De um vasto rio, por ilhéus cortado,
Outra província de cultura imensa
Tem dos próprios ilhéus nome tomado:
Depois Porto Seguro, a quem compensa
O espaço da província limitado,
Outra de âmbito vasto, que se assoma,
E do Espírito Santo o nome toma.

LXXVIII

Niterói, dos tamoios habitada,
Por largas terras seu domínio estende,
Famosa região pela enseada
Que uma grã barra dentro em si compreende:
Esta praia dos vossos freqüentada,
Que pomo de discórdia entre nós pende,
Custará, se pressago não me engano,
Muito sangue ao francês e ao lusitano.

LXXIX

S. Vicente e S. Paulo os nomes deram
Às extremas províncias que ocupamos;
Bem que ao Rio da Prata se estenderam
As que com próprio marco assinalamos.
E por memória de que nossos eram,
De Marco o nome no lugar deixamos,
Povoação que aos vindouros significa
Onde o termo espanhol e o luso fica.

CANTO VII

I

Era o tempo em que o Sol na vasta esfera
O claro dia com a noite iguala,
E o velho outono, que o calor modera,
De seus pâmpanos[1] tece a verde gala:
E quando todo monte Baco altera,
E os capazes tonéis na adega abala,
Tocava a franca nau do claro Sena
Na deliciosa foz a praia amena.

II

Na grã Lutécia[2], capital do estado,
A ligeira falua[3] dava fundo,
E esse orbe na cidade abreviado
Enchia Diogo de um prazer jucundo[4]:
Templos, torres, palácios, casas, prados,
O famoso Ateneu mestre do mundo,
A corte mais augusta, que se avista,
Enche-lhe o coração e assombra a vista.

III

Paraguaçu, porém, que jamais vira
Espetáculo igual, suspensa pára;
Nem fala, nem se volta, nem respira,
Imóvel a pestana e fixa a cara:
E cheia a fantasia do que admira,
Causa-lhe tanto pasmo a visão rara,
Que estúpida parece ter perdido

---

[1] Ramos tenros de videira.
[2] Antiga cidade da Gália, hoje Paris.
[3] Antiga embarcação.
[4] Alegre.

O discurso, a memória, a voz e o ouvido.

IV

Qual pende o terno infante ao colo da ama,
Se um novo e belo objeto tem presente,
Que nem a doce mãe, que ao peito o chama,
Nem os mimos do pai pasmado sente:
Tod'a alma no que vê fixo derrama,
E só parece pelo olhar vivente,
Não foi da americana o ar diverso,
Vendo em Paris a suma do universo.

V

Por fama que se ouviu da novidade,
A admirar o espetáculo se ajunta
Curiosa do sucesso a grã cidade,
E um se admira, outro o conta, algum pergunta:
Cresce o vago rumor sobre a verdade;
E a plebe, que a Diogo acode junta,
Dele e da esposa divulgada tinha
Que era o rei do Brasil e ela a rainha.

VI

E já avistavam do palácio augusto
Em bela perspectiva o régio espaço,
E o átrio vendo de troféus onusto[5],
Entram do franco rei no excelso paço:
Cinge as portas exército robusto,
Brilhante guarda, de que o invicto braço,
Ao lado sempre da real pessoa,
Sustenta as lises[6] e defende a croa[7].

VII

Era ali cristianíssimo reinante
Entre os franceses o segundo Henrique,
Meta então do germano fulminante,
Que opôs de Carlos às vitórias dique:

---

[5] Sobrecarregado.
[6] Flores do emblema da Casa Real da França.
[7] Coroa.

Ortodoxo monarca, da fé amante,
Que faz que em toda a França imóvel fique
O antigo culto e religião paterna,
Que invadiu de Calvino a fúria averna.

VIII

Senta-se ao régio lado a grã princesa,
Formosa Lis, que do Arno florentino
Trouxe à França um tesouro de beleza,
E outro maior no engenho peregrino:
Formoso par, que a sábia natureza
Não sem instinto conjugou divino;
Porque roubando Henrique a dura morte,
Sustente França Catarina a forte.

IX

Ao trono cristianíssimo prostrado,
A régia mão dos dous monarcas beija
O bom Diogo, tendo a esposa ao lado,
E faz que atenta toda a corte esteja:
E havendo por três vezes humilhado,
A fronte aos reis, que respeitar deseja,
É fama que com gesto reverente.
Falara deste modo ao rei potente.

X

Tendes a vossos pés, Sire, invocando
No trono da grandeza a majestade,
Estes dous peregrinos, que surcando
Do proceloso mar a imensidade,
No império, que regeis com sábio mando,
Buscam asilo na real piedade;
E a vós e ao vosso reino se dirigem,
Donde tem Portugal o nome e a origem.

XI

O Brasil, Sire, infunde-me a confiança
Que ali renasça o português império,
Que estendendo-se ao Cabo da Esperança,
Tem descoberto ao mundo outro hemisfério:
Tempo virá, se o vaticínio o alcança,

Que o cadente esplendor do nome hespério[8]
O século, em que está, recobre de ouro,
E lhe cinja o Brasil mais nobre louro.

XII

E tu, que ao luso reino um germe[9] augusto
No grão Burgundo a propagar mandaste,
Contempla, ó França heróica, o império justo
Como ramo do teu, que ali plantaste;
E se o inculto Brasil, se o cafre[10] adusto[11]
Por teus famosos netos subjugaste,
Admite ao trono do solar primeiro
Este teu não indigno aventureiro.

XIII

E esta, que ao lado meu teu cetro beija,
Princesa do Brasil, que um tempo fora,
No seio da cristã piedosa igreja,
Como mãe pia regenera agora.
É bem que a mãe primeira o Brasil veja,
Donde a gente nasceu, que lhe é senhora;
E quando a Lusitânia lhe é rainha,
Tome o Brasil a França por madrinha.

XIV

Disse o herói generoso, e o rei potente,
Recordando os anais de antiga história,
Com vista majestosa, mas clemente,
Deu sinal de agradar-lhe esta memória.
Com sussurro entretanto a áulica[12] gente
Celebra, como própria, a lusa glória;
E, impondo-lhe silêncio alto respeito,
Respondem com os olhos e co'peito[13].

---

[8] Ocidental.

[9] As edições de 1878 e 1913 trazem "gérmen"; o verso, neste caso, passa a ter onze sílabas.

[10] Habitante da Cafrária, África.

[11] Tisnado, enegrecido.

[12] Palaciana, cortesã.

[13] Nas edições de 1878 e 1913 lê-se "co'o peito".

XV

Mongomery, que serve na assembléia
De intérprete do rei, falou benigno;
Conforme na resposta à justa idéia,
De que o bom Diogo se mostrou tão digno:
Nem vendo a Lísia de conquistas cheia
Lhe inspira o impulso da ambição maligno,
A invejar-lhe já mais troféus tamanhos,
Que em prole sua não reputa estranhos.

XVI

Ide, disse a rainha, ó par ditoso,
Que o banho santo, donde a culpa amara,
Se apague nesse peito generoso,
Comigo a França apadrinhar prepara.
E quando o Sol seu curso luminoso
Três vezes repetir na esfera clara,
Será das nódoas do tartáreo abismo
Lavada a bela dama no batismo.

XVII

Era o dia em que é fama que o homem feito
De terra foi na estátua preciosa,
Em que Deus lhe infundira no seu peito
Do soberano ser cópia formosa.
Dia do nosso rito ao culto eleito
De Simão e Tadeu, quando formosa
Entrou Paraguaçu[14], com feliz sorte
No banho santo, rodeando-a a corte.

XVIII

À roda o real clero e grão jerarca[15]
Forma em meio à capela a augusta linha;
Entre os pares seguia o bom monarca,
E ao lado da neófita[16] a rainha.
Vê-se cópia de lumes nada parca,

---

[14] Na primeira edição e na edição de 1836 lê-se "Praguaçu".
[15] Hierarca.
[16] Recentemente convertida.

E a turba imensa que das guardas vinha;
E dando nome a augusta à nobre dama,
Põe-lhe o seu próprio e Catarina a chama.

XIX

Banhada a formosíssima donzela
No santo Crisma, que os cristãos confirma,
Os desposórios[17] na real capela
Com o valente Diogo amante firma.
Catarina Alvres[18] se nomeia a bela,
De quem a glória no troféu se afirma,
Com que a Bahia, que lhe foi senhora,
Noutro tempo, a confessa, e fundadora.

XX

Prepara-se um banquete com grandeza,
Em que a cópia compita co'a elegância[19],
E aos dous consortes se dispõe a mesa
No magnífico paço em régia estância:
Nem se dedigna a Soberana Alteza,
Depois de os regalar com abundância,
De dar rainha e rei, de ouvir curiosos,
Uma audiência privada aos dous esposos.

XXI

Depois (disse o monarca) que informado
De meus ministros tenho a história ouvido,
Como foste das ondas agitado,
Como da gente bárbara temido:
Sabendo que os sertões tens visitado,
E o centro do Brasil reconhecido,
Quero das terras, dos viventes, plantas,
Que a história contes de províncias tantas.

XXII

Mandas-me, rei augusto, que te exponha
(Diz cheio de respeito o herói prudente),

[17] Casamento.
[18] Nas edições de 1878 e 1913 lê-se "Alves"; outras registram "Álvares".
[19] Isto é, que a fartura concorra com a elegância.

E aos olhos teus em um compêndio ponha
A história natural da oculta gente:
Se esperas de mim, Sire, que componha
Exata narração da cópia ingente,
Empresa tanta é, quando obedeça,
Que faz que o tempo falte e a voz faleça.

XXIII

Mil e cinqüenta e seis léguas de costa,
De vales e arvoredos revestida,
Tem a terra brasílica composta
De montes de grandeza desmedida:
Os Guararapes, Borborema posta
Sobre as nuvens na cima recrescida,
A serra de Aimorés, que ao pólo é raia[20],
As de Ibo-ti-catu e Itatiaia.

XXIV

Nos vastos rios e altas alagoas
Mares dentro das terras representa;
Coberto o Grão-Pará de mil canoas,
Tem na espantosa foz léguas oitenta.
Por dezessete se deságua boas
O vasto Maranhão; léguas quarenta
O Jaguaribe dista; outro se engrossa
De S. Francisco, com que o mar se adoça.

XXV

O Sergipe, o real de licor puro,
Que com vinte o sertão regando correm,
Santa Cruz, que no porto entra seguro,
Depois de trinta; que no mar concorrem;
Logo o das Contas, o Taigipe impuro,
Que abrindo a vasta foz no oceano morrem,
O Rio Doce, a Cananéia, a Prata,
E outros cinqüenta mais, com que arremata.

XXVI

O mais rico e importante vegetável

---

[20] Limite, fronteira.

É a doce cana, donde o açúcar brota,
Em pouco às nossas canas comparável;
Mas nas do milho proporção se nota:
Com manobra expedita e praticável,
Espremido em moenda o suco bota,
Que acaso a antiguidade imaginava,
Quando o néctar e ambrosia[21] celebrava.

XXVII

Outra planta de muitos desejada,
Por fragrância que o olfato ativa sente,
Erva santa dos nossos pais chamada,
Mas tabaco depois da hispana gente,
Pelo franco Nicot manipulada,
Expele a bile, e o cérebro cadente
Socorre em modo tal, que em quem o tome
Parece o impulso de o tomar que é fome.

XXVIII

É sustento comum, raiz prezada,
Donde se extrai com arte útil farinha,
Que saudável ao corpo, ao gosto agrada,
E por delícia dos Brasis se tinha.
Depois que em bolandeiras foi ralada,
No tapiti se espreme e se convinha;
Fazem a puba então e a tapioca,
Que é todo o mimo e flor da mandioca[22].

XXIX

Chama o agricultor raiz gostosa
Aipi por nome; e em gosto se parece
Com a mole castanha saborosa,
De que tira o país vário interesse.
Ótimo arroz em cópia prodigiosa
Sem cultura nos campos aparece,
No Pará, Cuiabá, por modo feito,
Que iguala na bondade o mais perfeito.

---

[21] Na mitologia grega, o néctar era a bebida dos deuses, e a ambrósia, o alimento.

[22] Bolandeiras e tapiti são instrumentos por meio dos quais se fabrica a farinha de mandioca. Com esta última faz-se tapioca e puba ou fubá: o mimo e flor da mandioca.

XXX

Ervilhas, feijão, favas, milho e trigo,
Tudo a terra produz, se se transplanta;
Fruta também, o pomo, a pêra, o figo
Com bífera[23] colheita e em cópia tanta:
Que mais que no país que o dera antigo,
No Brasil frutifica qualquer planta;
Assim nos deu a Pérsia e Líbia ardente
Os que a nós transplantamos de outra gente.

XXXI

Nas comestíveis ervas é louvada
O quiabo, o jiló, os maxixeres,
A maniçoba peitoral prezada,
A taioba agradável nos comeres:
O palmito de folha delicada,
E outras mil ervas, que se usar quiseres,
Acharás na opulenta natureza
Sempre com mimo preparada a mesa.

XXXII

Sensível chama-se erva pudibunda[24],
Que quando a mão chegando alguém lhe ponha,
Parece que do tato se confunda.
E que fuja ao que a toca por vergonha.
Nem torna a si da confusão profunda,
Quando ausente o agressor se lhe não ponha
Documento à alma casta, que lhe indica
Que quem cauta não foi nunca é pudica.

XXXIII

D'ervas medicinais cópia tão rara
Tem no mato o Brasil e na campina,
Que quem toda a virtude lhe explorara,
Por demais recorrera à medicina.
Nasce a gelapa ali, a sene amara,
O filopódio, a malva, o pau da China,

---

[23] Que frutifica duas vezes por ano.

[24] Pudica.

A caroba, a capeba, e mil que agora
Conhece a bruta gente e a nossa ignora.

XXXIV

Tem mimosos legumes, que não cedem
Aos que usamos na Europa mais prezados,
Gengibre, gergelim, que os mais excedem,
Mendubim, mangaló, que usam guisados:
Alguns medicinais, com que despedem
Do peito estilicídios[25] radicados;
Tem o cará, o inhame, e em cópia grata
Mangarás, mangaritos e batata.

XXXV

Das flores naturais pelo ar brilhante
É com causa entre as mais rainha a rosa,
Branca saindo a aurora rutilante,
E ao meio-dia tinta em cor lustrosa:
Porém crescendo a chama rutilante,
É purpúrea de tarde a cor formosa;
Maravilha que a Clície[26] competira,
Vendo que muda a cor, quando o Sol gira.

XXXVI

Outra engraçada flor, que em ramos pende
(Chamam de S. João), por bela passa
Mais que quantas o prado ali compreende,
Seja na bela cor, seja na graça:
Entre a copada rama que se estende,
Em vistosa aparência a flor se enlaça,
Dando a ver por diante e nas espaldas
Cachos de ouro com verdes esmeraldas.

XXXVII

Nem tu me esquecerás, flor admirada[27],
Em quem não sei se a graça, se a natura

---

[25] Coriza.

[26] Personagem da mitologia grega, que foi transformada em girassol.

[27] Tudo leva a crer, pela descrição, que se trata do maracujá.

Fez da Paixão do Redentor sagrada
Uma formosa e natural pintura:
Pende com pomos mil sobre a latada,
Áureos na cor, redondos na figura,
O âmago fresco, doce e rubicundo
Que o sangue indica que salvará o mundo.

XXXVIII

Com densa cópia a folha se derrama,
Que muito à vulgar hera é parecida,
Entressachando[28] pela verde rama
Mil quadros da Paixão do Autor da vida:
Milagre natural, que a mente chama
Com impulsos da graça, que a convida,
A pintar sobre a flor aos nossos olhos
A cruz de Cristo, as chagas e os abrolhos.

XXXIX

É na forma redonda, qual diadema
De pontas, como espinhos, rodeada,
A coluna no meio, e um claro emblema
Das chagas santas e da cruz sagrada:
Vêem-se os três cravos e na parte extrema
Com arte a cruel lança figurada,
A cor é branca, mas de um roxo exangue,
Salpicada recorda o pio sangue.

XL

Prodígio raro, estranha maravilha,
Com que tanto mistério se retrata!
Onde em meio das trevas a fé brilha,
Que tanto desconhece a gente ingrata:
Assim do lado seu nascendo filha
A humana espécie, Deus piedoso trata,
E faz que quando a graça em si despreza,
Lhe pregue co'esta flor a natureza.

---

[28] Entremeando.

XLI

Outras flores suaves e admiráveis
Bordam com vária cor campinas belas,
E em vária multidão por agradáveis
A vista encantam, transportada em vê-las:
Jasmins vermelhos há, que inumeráveis
Cobrem paredes, tetos e janelas;
E, sendo por miúdos mal distintos,
Entretecem purpúreos labirintos.

XLII

As açucenas são talvez fragrantes,
Como as nossas na folha organizadas;
Algumas na candor lustram brilhantes,
Outras na cor reluzem nacaradas.
Os bredos namorados rutilantes,
As flores de courana celebradas;
E outras sem conto pelo prado imenso,
Que deixam quem as vê como suspenso.

XLIII

Das frutas do país a mais louvada
É o régio ananás, fruta tão boa,
Que a mesma natureza namorada
Quis como a rei cingi-la da coroa:
Tão grato cheiro dá, que uma talhada
Surpreende o olfato de qualquer pessoa;
Que a não ser do ananás distinto aviso,
Fragrância a cuidará do paraíso[29].

XLIV

As fragrantes pitombas delicadas
São como gemas d'ovos na figura;
As pitangas com cores golpeadas
Dão refrigério na febril secura:
As formosas goiabas nacaradas,
As bananas famosas na doçura,

[29] Isto é, se o perfume não viesse do ananás, julgar-se-ia que tal cheiro nos chegava do paraíso.

Fruta, que em cachos pende e cuida a gente
Que fora o figo da cruel serpente.

XLV

Distingue-se entre as mais na forma e gosto,
Pendente de alto ramo o coco duro,
Que em grande casca no exterior[30] composto,
Enche o vaso interior[31] de um licor puro:
Licor que à competência sendo posto,
Do antigo néctar fora o nome escuro;
Dentro tem carne branca como a amêndoa,
Que a alguns enfermos foi vital, comendo-a.

XLVI

Não são menos que as outras saborosas
As várias frutas do Brasil campestres,
Com gala de ouro e púrpura vistosas,
Brilha a mangaba e os mucujês silvestres:
Os mamões, muricis, e outras famosas,
De que os rudes caboclos foram mestres,
Que ensinaram os nomes, que se estilam,
Janipapo e caju vinhos distilam[32].

XLVII

Nas preciosas árvores se conta
O cacau, droga em Espanha tão comua,
Pouco n'altura mais que arbusto monta,
E rende novo fruto em cada lua;
A baunilha nos cipós desponta,
Que tem no chocolate a parte sua,
Nasce em bainhas, como paus de lacre,
De um suco oleoso, grato o cheiro e acre.

XLVIII

Ótimo anil de planta pequenina
Entre as brenhas incultas se recolhe;

---

[30] Em algumas edições consta "ext'rior".
[31] Em algumas edições consta "int'rior".
[32] Destilam.

Tece-se a roupa do algodão mais fina,
Que em cópia abundantíssima se colhe:
Que, se a abundância à indústria se combina,
Cessando a inércia, que mil lucros tolhe,
Houvera no algodão, que ali se topa,
Roupa com que vestir-se toda a Europa.

XLIX

O uruçu, fruta d'árvore pequena,
Como lima, em pirâmide elevada,
De que um extrato a diligência ordena,
Que a escarlata produz mais nacarada:
De imortal tronco a tarajaba amena
Rende a áurea cor dos belgas desejada,
O pau-brasil, de que o engenhoso norte
Costuma extrair cor de toda a sorte.

L

Há de bálsamos árvores copadas,
Que por léguas e léguas se dilatam;
Folhas cinzentas, como a murta, obradas,
E em grato aroma os troncos se desatam:
Se neles pelas luas são sangradas;
E uso vário fazendo os que contratam,
Lavram remédios mil e obras lustrosas,
Contas de cheiro e caixas preciosas.

LI

A copaíba em curas aplaudida,
Que a médica ciência estima tanto,
A bicuíba no óleo conhecida,
A almécega, que se usa no quebranto.
A preciosa madeira apetecida,
Que o nome nos merece de pau-santo,
O sassafrás[33] cheiroso, de que as praças
Se vêm cobertas com formosas taças.

---

[33] Em algumas edições (a primeira e as de 1836, 1878, 1913) lê-se "salfafraz". No manuscrito, consta "salsafraz". A forma pela qual optamos, "sassafrás" está nas edições de 1845 e 1945.

LII

Quais ricas vegetáveis ametistas,
As águas do violete em vária casta,
O áureo pequiá com claras vistas,
Que noutros lenhos por matiz se engasta:
O vinhático pau, que quando avistas,
Massa de ouro parece extensa e vasta;
O duro pau que ao ferro competira,
O angelim, tataipeva, o supopira.

LIII

Troncos vários em cor e qualidade,
Que inteiriças nos fazem as canoas,
Dando a grossura tal capacidade,
Que andam remos quarenta e cem pessoas:
E há por todo o Brasil em quantidade
Madeiras para fábricas tão boas,
Que trazendo-as ao mar por vastos rios,
Pode encher toda a Europa de navios.

LIV

Nutre a vasta região raros viventes
Em número sem conto e em natureza
Dos nossos animais tão diferentes,
Que enchem a vista da maior surpresa.
Os que têm mais comuns as nossas gentes
Ignora esta porção de redondeza;
O boi, cavalo, a ovelha, a cabra e o cão;
Mas, levados ali, sem conto são.

LV

Todo o animal é fero ali, levado
Donde tinha o seu pasto competente;
Nem era lugar próprio ao nosso gado,
Que fora o bruto manso e fera a gente:
Como entre nós é o tigre arrebatado,
Cruel a onça, o javali fremente,
Feras as antas são americanas,
E próprias do Brasil as suraranas.

LVI

Vêem-se cobras terríveis, monstruosas,
Que afugentam co'a vista a gente fraca;
As jibóias, que cingem volumosas
Na cauda um touro, quando o dente o ataca:
Voa entre outras com forças horrorosas,
Batendo a aguda cauda a jararaca,
Com veneno, a quem fere tão presente,
Que logo em convulsão morrer se sente.

LVII

Entre outros bichos de que o bosque abunda,
Vê-se o espelho da gente, que é remissa,
No animal torpe de figura imunda,
A que o nome pusemos de preguiça:
Mostra no aspecto a lentidão profunda,
E quando mais se bate e mais se atiça,
Conserva o tardo impulso por tal modo,
Que em poucos passos mete um dia todo.

LVIII

Vê-se o camaleão, que não se observa
Que tenha, como os mais, por alimento
Ou folha, ou fruto, ou nota carne, ou erva,
Donde a plebe afirmou que pasta em vento:
Mas sendo certo que o ambiente ferva
De infinitos insetos, por sustento
Creio bem que se nutra na campanha
De quantos deles, respirando, apanha.

LIX

Gira o sareué, como pirata,
Da criação doméstica inimigo;
À canção da guariba sempre ingrata
Responde o guassinin, que o segue amigo:
Da vária caça, que o caboclo mata,
A narração por longa não prossigo,
Veados, capivaras e coatias[34],

[34] A primeira edição registra "coatiás".

Pacas, teús, periás, tatus, cotias.

LX

O mono, que a espessura habita astuto,
De um ramo noutro buliçoso salta,
E para não se crer que nasceu bruto,
Parece que o falar somente falta:
O riso imita, e contrafaz o luto;
E a tanto sobre os mais o instinto exalta,
Que onde a espécie brutal chegar lhe veda
Tem arte natural com que o arremeda.

LXI

Entre as voláteis caças mais mimosa,
A zabelé, que os francolins imita,
É de carne suave e deliciosa,
Que ao tapuia voraz a gula incita:
Logo a enha-popé, carne preciosa,
De que a titela[35] mais o gosto irrita,
Pombas verás também nesses países,
Que em sabor, forma e gosto são perdizes.

LXII

Juritis, pararis, tenras e gordas,
A hiraponga no gosto regalada,
As marrecas, que ao rio enchem as bordas,
As jacutingas, e a aracã prezada:
E se do lago na ribeira abordas
De galeirões e patos habitada,
Verás, correndo as águas na canoa,
A turba aquátil, que nadando voa.

LXIII

Negou às aves do ar a natureza
Na maior parte a música harmonia;
Mas compensa-se a vista na beleza
Do que pode faltar na melodia:
A pena do tucano mais se preza,
Que feita de ouro fino se diria,

---

[35] Parte carnuda do peito da ave; a melhor parte de uma coisa.

Os guarazes pelo ostro tão luzidos,
Que parecem de púrpura vestidos.

LXIV

Vão pelo ar loquazes papagaios,
Como nuvens voando em cópia ingente,
Iguais na formosura aos verdes maios,
Proferindo palavras como a gente:
Os periquitos com iguais ensaios,
O canindé, qual íris reluzente;
Mas falam menos, da pronúncia avaras,
Gritando as formosíssimas araras.

LXV

Como melros são negros os bicudos,
Mais destros e agradáveis no seu canto,
Na terra os sabiás sempre são mudos,
Mas junto d'água têm a voz que é encanto:
Os coleirinhos no entoar agudos,
As patatibas, que o saudoso pranto
Imitam requebrando com sons vários,
Os colibris e harmônicos canários.

LXVI

Das espécies marítimas de preço
Temos pérolas netas[36] preciosas,
Nem melhores aljôfares[37] conheço
Que os das ostras brasílicas famosas:
Âmbar gris do melhor, mais denso e espesso,
Nas costas do Ceará se vê espaçosas,
Madrepérolas, conchas delicadas,
Umas parecem de ouro, outras prateadas.

LXVII

Piscoso o mar de peixes mais mimosos,
Entre nós conhecidos rico abunda,
Linguados, sáveis, meros preciosos,
A agulha, de que o mar todo se inunda:

---

[36] Muito claras, brilhantes.

[37] Perólas diminutas.

Robalos, salmonetes deliciosos,
O cherne, o voador, que n'água afunda,
Pescadas, galo, arraias e tainhas,
Carapaus, encharrocos e sardinhas.

LXVIII

Outros peixes, que próprios são do clima,
Berupirás, vermelhos, e o garopa,
Pâmpanos, corimás, que o vulgo estima,
Ou dourados, que preza a nossa Europa:
Carapebas, parus, nem desestima
A grande cópia, que nos mares topa,
A multidão vulgar do xaréu vasto,
Que às pobres gentes subministra o pasto.

LXIX

De junho a outubro para o mar se alarga,
Qual gigante marítimo a baleia,
Que palmos vinte e seis conta de larga,
Setenta de comprido, horrenda e feia:
Oprime as águas com a horrível carga,
E de oleosa gordura em roda cheia,
Convida o pescador que ao mar se deite,
Por fazer, derretendo-a, útil azeite.

LXX

Tem por espinhas ossos desmarcados[38],
O ferro as duras peles representam,
Donde pendem mil búzios apegados,
Que de quanto lhe chupam se sustentam:
Não parecem da fronte separados
Os vastos corpos que na areia assentam,
Entre os olhos medonhos se ergue a tromba,
Que ondas vomita como aquátil bomba.

LXXI

Na boca horrível, como vasta gruta,
Doze palmos comprida a língua pende,
Sem dentes, mas da boca imensa e bruta

---

[38] Desmedidos.

Barbatanas quarenta ao longo estende:
Com elas para o estômago transmuta
Quanto por alimento n'água prende,
O peixe ou talvez carne, e do elemento
A fez imunda, que lhe dá sustento.

LXXII

Duas asas nos ombros tem por braços,
Que aos lados vinte palmos se difundem,
Com asa e cauda os líquidos espaços
Batendo remam, quando o mar confundem:
E excitando no pélago fracassos,
Chorros[39] d'água nas naus de longe infundem;
E andando o monstro sobre o mar boiante,
Crê que é ilha o inexperto navegante.

LXXIII

Brilha o materno amor no monstro horrendo,
Que, vendo prevenida a gente armada,
Matar se deixa n'água combatendo,
Por dar fuga, morrendo, à prole amada:
Onde no filho o arpão caçam metendo,
Com que atraindo a mãe dentro à enseada,
Desde a longa canoa se alanceia,
Ao lado de seus filhos a baleia.

LXXIV

Sobre a costa o marisco apetecido
No arrecife se colhe e nas ribeiras,
As lagostas e o polvo retorcido,
Os lagostins, santolas, sapateiras:
Ostras famosas, camarão crescido,
Caranguejos também de mil maneiras,
Por entre os mangues, donde o tino perde
A humana vista em labirinto verde.

[39] Jorros.

CANTO VIII

I

Três vezes tinha o Sol no giro oblíquo
A carreira dos trópicos voltado,
E três de Europa pelo clima aprico[1]
Tinha as plantas o abril ressuscitado:
Depois que do Brasil se tinha rico
À França o nobre Diogo transportado,
Buscando nas viagens meio e lume
Com que reforme o bárbaro costume.

II

Mas da mísera gente na lembrança,
Que lhe excita da esposa a cara imagem,
Meditava deixar a amiga França,
Repetindo a brasílica viagem.
Na generosa empresa não descansa
De instruir a rudeza do salvagem,
E cuida com razão que é humanidade
Amansar-lhe a cruel barbaridade.

III

Enquanto nau e embarque negoceia[2],
Do amigo Du Plessis solicitado,
Foi-lhe do rei francês proposta a idéia
De erguer as lises no país buscado:
Terás (lhe disse, e é fácil que se creia,
Que lho dizia do seu rei mandado),
Terás da França auxílio e tropa imensa,
E maior que o serviço a recompensa.

---

[1] Ensolarado.
[2] Negocia.

IV

Que se o empenho te ocupa generoso
De amansar do gentio a mente impia,
Trazendo a França um povo numeroso,
Melhor se amansará na companhia:
Que engano fora à Europa pernicioso,
Quando colônias derramando envia,
Extinguir sem remédio a infeliz gente
E despovoar-se com a tropa ausente.

V

Desta arte Roma o império seu fazia,
Que as colônias pelo orbe derramando,
Do país conquistado outras unia,
Com que ia a falta própria reparando:
Num século, que o bárbaro vivia,
Na grã Roma romano ia ficando,
E neste arbítrio de pensar profundo,
Foi mundo Roma, e foi romano o mundo.

VI

Este meio, portanto, eu te sugiro,
Que se a tua prudência hoje executa,
Verás em pouco tempo, como aspiro,
Francesa pelo trato a gente bruta:
Vive sempre brutal no seu retiro
Quem ninguém comunica e nada escuta,
Nem o salvagem tirarás da toca,
Se outro país não trata e o seu não troca.

VII

E entanto que o terreno nosso habita,
Transmigrada a infeliz gentilidade,
A gente, que perdemos infinita,
Suprirá com comua utilidade:
Assim a agricultura mais se excita,
Cresce a plebe no campo e na cidade,
E a turba inerte, que corrompe a terra,
Ou se deixa emendada, ou se desterra.

VIII

Disse o francês prudente, e o nobre Diogo,
Leal à amada pátria respondendo,
Sábio projeto dás (replicou logo)
Sobre a população; nada o contendo:
Mas não posso convir no exposto rogo,
Sendo fiel ao rei, português sendo,
Quando o luso monarca julgo certo
Senhor de quanto deixa descoberto.

IX

Vivendo *ex lege*[3] um povo na anarquia,
Tem direito o vizinho a sujeitá-lo,
Que a natureza mesma inspiraria
Ao que fosse mais próximo a amansá-lo:
Deixo que o céu parece que o queria,
Dando a Cabral o instinto de buscá-lo,
E o ser em caso tal comum conceito,
Que quem primeiro o ocupa tem direito.

X

E sem que ofenda a França a minha escusa,
É bem que esta conquista a Lísia faça;
Mas, enquanto a Bahia o não recusa,
Ser-vos-á no comércio a melhor praça:
Cópia de drogas achareis profusa,
E o lenho precioso ali de graça;
E durando eu na pátria obediência,
Serei francês na obrigação e agência.

XI

Admirou Du Plessis no peito nobre
O generoso ardor e o pátrio zelo,
Que a ilustre condição no obrar descobre
Novo motivo para mais querê-lo;
Sem mais receio que o contrário ele obre,
Na nova expedição quer sócio tê-lo.
Mas antes de embarcar-se o herói prudente
Avisa o luso rei da empresa ingente.

---

[3] Segundo a lei.

XII

Já pelo salso oceano navega
A franca nau, e o Cabo se divisa
Donde à Europa no ocaso ao termo chega,
Tido do antigo nauta por baliza:
A terra ali se vê que o Minho rega,
Correndo a costa da feliz Galiza;
E o rumo então seguindo do ocidente
Ao meio-dia se navega ardente.

XIII

Não longe do Equador o mar cortava,
Quando Paraguaçu, já Catarina,
Como era seu costume, atenta orava,
Implorando o favor da Mão Divina:
E eis que à vista da turba, que a observava,
Enquanto adora a majestade trina,
Em sono fica suspendida e absorta,
E algum cuida que dorme, outro que é morta.

XIV

Brilha no aspecto um ar do afeto interno;
Mas em funda abstração com doce calma,
Bem se lhe vê pelo semblante externo
Que ocupa em grande objeto a feliz alma.
Vê-se nela arraiar do lume eterno,
Que no céu goza quem já logra a palma,
Admirável vislumbre, que suspende
E infunde um pio afeto a quem o atende.

XV

Assim por longas horas abstraída
Deixava o caro esposo na ansiedade,
Se era sono, em que estava suspendida,
Se era efeito de cruel enfermidade;
Ora suspeita que perigue a vida,
Ora na celestial tranqüilidade
Crê que do claro empíreo[4] habitadora
Imortal sobre o céu reinando mora.

---

[4] Morada dos bem-aventurados, céu.

XVI

Até que a si tornada docemente,
Corre a turba co'a vista em grato giro;
E como quem esta aura ingrata sente,
Rompe os longos silêncios num suspiro:
Oh doce (disse), oh pátria permanente!
Que escuro ar parece que respiro!
Feliz quem contemplando o céu formoso
Vive no seio do celeste esposo!

XVII

Pasmado Diogo e a multidão que a ouvia,
Calam todos no assombro de admirados,
Nem já duvidam que visão seria
Em que ouvira os mistérios revelados:
Quando ocultos segredos Deus confia,
Não devem ser (diz Diogo) propalados;
Mas, se em parte, como este, é manifesto,
Temerário não sou, se inquiro o resto.

XVIII

Narra-nos, feliz alma, a visão bela!
Quem sabe se por ti nos manda aviso
A Providência, que ao governo vela,
Do mortal nos seus fins sempre indeciso:
Não nos cales entanto o que revela
Por nosso lume, o excelso Paraíso,
E a nossos rogos com memória pronta,
Dizendo quanto viste, tudo conta.

XIX

Calaram todos com ouvido atento,
Pendendo da expressão de Catarina;
E tomando na popa em roda assento,
Dão-lho sobre um canhão, que ao bordo inclina:
Mandais-me (a dama disse) que o portento
Haja de expor-vos da impressão divina:
Quem poderá contar cousa tão alta,
Quando o lume cessou, a ciência falta?

XX

Nem inculco em meu sonho um sacro instinto,
Que tudo fingir pode a fantasia;
Porque a imagem talvez que n'alma pinto,
Por força natural se fingiria:
Pode ser, se pressaga a idéia sinto,
Que sem extraordinária profecia,
Anteveja o sucesso, o tempo e o prazo,
E depois não suceda, ou seja acaso.

XXI

Vi, não sei s'era impulso imaginário,
Um globo de diamante claro e imenso;
E nos seus fundos figurar-se vário
Um país opulento, rico e extenso:
E aplicando o cuidado necessário,
Em nada do meu próprio o diferenço;
Era o áureo Brasil tão vasto e fundo,
Que parecia no diamante um mundo.

XXII

Fixo os olhos atenta no estupendo,
Milagroso espetáculo que via,
E em três léguas de boca vi correndo
Por doze de diâmetro a Bahia.
Seis rios pelo golfo discorrendo,
Engenhos, povoações que descobria,
Eram como ornamentos da cidade,
De que se ergue no plano a majestade.

XXIII

Parecia em seis bairros dividida,
Com duas praças de extensão formosa,
Fortaleza ali vi na barra erguida,
Outra a parte de terra majestosa:
A enseada por oito defendida,
E outra em Taparica poderosa;
Duas Casas de Pólvora e na entrada
Vi-me a mim de uma delas retratada.

XXIV

Dentro a um templo magnífico se via
De seus prelados turma numerosa,
De que um às mãos dos bárbaros morria,
Outro a espada cingia valerosa:
Muitos da alta virtude os matos via,
Com caridade discorrer zelosa,
Sem poupar tempo, estudo, ou vida, ou gasto,
Por propagar a fé no sertão vasto.

XXV

No grão palácio em tintas retratados
Os que o governo do Brasil tiveram,
Os Sousas na Bahia decantados,
Os nobres Costas, que depois vieram:
Mas entre outros na guerra celebrados,
Por troféus que vencendo mereceram,
Mendo de Sá de gloriosa fama,
Que pai da pátria no Brasil se aclama.

XXVI

Deste era prole o intrépido Fernando,
Que ali vi fulminando a forte espada;
E contra a feroz gente pelejando,
Deixou a morte com valor vingada:
Mas da Bahia os olhos levantando,
Vi discorrer no mar potente armada,
Que as ilhas ocupando e a vasta terra,
Movia no Brasil funesta guerra.

XXVII

Parecia-me a frota belicosa
Francesa gente, que o Brasil tentava,
Pedro Lopes de Sousa em furiosa
Naval batalha o mar lhe contestava:
Noutra ação com esquadra numerosa
Luís de Melo e Silva pelejava;
Cristóvão Jacques, que este mar corria,
Dous navios lhe afunda na Bahia.

XXVIII

Era de França, sim, a adversa gente;
Mas por culto inimigo ao rei contrária,
E ao rito calvinístico aderente,
Enviava ao Brasil tropa adversária:
E protegida da facção potente
Com as forças e armada necessária,
Queriam para a infanda cerimônia
Fabricar a Calvino uma colônia.

XXIX

Cavalheiro de Malta e franco nobre
Era Villegaignon de forte peito,
Soldado antigo, que o valor descobre,
E entre os huguenotes[5] do maior respeito:
De mil promessas o partido cobre,
Havendo-o a empresa do Brasil eleito;
E abonada de um chefe de esperança,
Dá-lhe a mão a heresia em toda a França.

XXX

Este vi navegando o Cabo Frio,
Seguido de outras naus na forte empresa;
E que tratando afável c'o gentio,
Explorava do sítio a natureza:
Mostrava aos naturais ânimo pio;
E argüindo-lho a gente portuguesa,
Induz a nação bruta a que lhe assista
Na empresa do comércio e da conquista.

XXXI

Voltou a França o cabo diligente,
Tendo de ricas drogas carregado,
E convocando às naus armada gente,
Torna de turba ingente acompanhado:
Nem tarda do sertão cópia potente
De um povo, que, nas armas aliado,
Por amigo estimava mais sincero,
Menos inculto sim, porém mais fero.

---

[5] Calvinistas.

XXXII

Ali Villegaignon, que o troço aloja,
Às gentes do sertão se confedera;
E toda a costa a dominar se arroja,
De donde os nossos expulsar já espera:
De seu comércio o português despoja
Na fértil Paraíba, em que útil era;
Nem há na costa do Brasil enseada
Que o huguenote[6] não tenha bloqueada.

XXXIII

Mendo de Sá, que adverte no perigo
Três naus que em guerra cuidadoso armara,
Com oito de comércio tem consigo,
Além das que em socorro convocara:
E por ter força igual às do inimigo,
Sobre longas canoas, que ajuntara,
Guia contra os tamoios prepotentes
Do bravo carijó turmas valentes.

XXXIV

Nhighe-teroi se chama a vasta enseada,
Que estreita boca, como barra encerra,
Fechando em vasto porto à grande armada
Um lago que em redondo cinge a terra:
Vê-se ilha penhascosa sobre a entrada,
Com fortaleza que, disposta em guerra,
Por boca dos canhões rumor fazendo,
Fechava a barra ao valeroso Mendo.

XXXV

Era a ilha de rochas guarnecida,
Que em torno tem por natural muralha,
Donde a força das balas rebatida,
Faz inútil dos lusos a batalha:
Três dias foi dos nossos combatida,
Sem que o fogo incessante aos nossos valha,
Até que, fatigado o invicto Mendo,
Invade à escala vista o forte horrendo.

---

[6] Em algumas edições lê-se "hugonote"; em outras, "hugnote".

XXXVI

Entre frechas e balas destemido
Na penha o português trepando salta;
E deixando o francês esmorecido,
Degola, mata, fere, invade e assalta:
Nem do antigo valor cede esquecido
O francês animoso, até que falta
De sangue a brava gente na contenda,
Faz a perda e cansaço que a ilha renda.

XXXVII

Nem mais demora teve o invicto Mendo
Ao ver a gente adversa dissipada,
E a excelsa fortaleza desfazendo,
A costa visitou na forte armada:
E tudo ao nome seu sujeito havendo,
À Bahia tornou, que iluminada,
Entre o som do clarim e alegre trompa,
Em triunfo a Mendo recebeu com pompa.

XXXVIII

Mas a facção do huguenote enfurecida,
Villegaignon potente ao Brasil manda,
Que a ilha recobrando já perdida,
Guerra intenta fazer por toda banda:
Vê-se a nossa marinha combatida,
E a forte esquadra que o francês comanda,
Dominante no oceano por modo
Que impedia o comércio ao Brasil todo.

XXXIX

Mais não tolera a lusa monarquia,
Que ao rei cristianíssimo aderente,
Contra a rebelde, herética porfia,
Armada põe na América potente:
Chefe Estácio de Sá prudente envia,
De válidos galeões com forte gente,
Que o herege expulsando da enseada,
Deixe nova cidade ali fundada.

XL

Obsequioso abraçava o claro Mendo
O valeroso chefe seu conjunto,
Às forças de Bahia unido tendo
As que trouxera sobre o mesmo assunto:
Contra os esforços do tamoio horrendo
Acomete o rebelde em liga junto,
Incorporando à armada lusitana
Vasto esquadrão da turba americana.

XLI

Chama-se Pão de Açúcar o penedo,
Em pirâmide às nuvens levantado,
Onde de um salto tinha, já sem medo
A turba militar desembarcado:
Nadava pelo mar vasto arvoredo
Do gentio em canoas habitado;
E do ardente francês luzida tropa,
Que hábil n'arte de guerra fez a Europa.

XLII

Destes o luso campo acometido
De dardos, frechas, balas se embaraça,
Em sombra o seio todo escurecido,
As naus ocultam nuvens de fumaça:
E ao eco dos canhões entre o ruído,
Tudo está cego e surdo em campo e praça;
E no horrível relâmpago das peças
Caem por terra os bustos sem cabeças.

XLIII

Voam as naus de chamas ocupadas,
Enchendo a enseada do infernal estrondo,
As canoas dos nossos abordadas,
E os galeões, que em linha se vão pondo:
Os golpes, que retinem das espadas,
O golfo, que arde em chamas em redondo,
Eram na terra e mar em sangue tinto
Um abismo, um inferno, um labirinto.

XLIV

Depois que largo tempo em márcio jogo
Dura a batalha com comum perigo,
Cessando o impulso do contrário fogo,
Todo o estrago aparece do inimigo:
Tinha cedido da contenda logo
Receoso o tamoio do castigo;
E os franceses, que as naus mal sustentavam,
Entre as penhas o asilo procuravam.

XLV

Não cessa o bravo Sá contra o gentio,
E a forte tropa pelo mato avança;
Porque abatendo o orgulho e insano brio,
Se apartasse o sertão da infame aliança:
Nem receia o tamoio o desafio;
Tendo no seu valor tanta confiança,
Que fugindo da aldeia ao mato e gruta,
A liberdade ao português disputa.

XLVI

Era áspero o combate e lenta a guerra,
E sem efeito o assédio ao francês posto;
E o bárbaro, embrenhado dentro a terra,
Tinha emboscada ao português disposto:
Mendo, que n'alma o grão cuidado encerra,
Tendo de Estácio socorrer proposto,
Faz levas, busca naus e a gente incita,
E em auxílio dos seus partir medita.

XLVII

Já dobra o frio Cabo a esquadra ingente,
E à vista do penhasco lança a amarra,
Pasma o rebelde, vendo a armada à frente
Ocupar numerosa a estreita barra:
Une-se a frota ali da lusa gente,
E os mútuos casos vanglorioso narra
Irmão à irmã e o filho ao pai, festivo
Por ter chegado são e achá-lo vivo.

XLVIII

Chega aos braços de Estácio o forte Mendo,
E por festiva salva estrepitosa
Faz que vomite o bronze o fogo horrendo
Contra a ilha, que avistam penhascosa:
E largamente consultado havendo
Os dous chefes da empresa gloriosa,
Contra o penedo tentam no mais alto,
A peito descoberto, um fero assalto.

XLIX

Vêem-se entre as penhas formidáveis bocas
De canhões e mosquetes trovejando;
E nas quebradas, espantosas rocas
Do bárbaro tamoio o imenso bando:
Muitos ali das ásperas barrocas[7]
Vão os nossos fuzis precipitando,
Outros da rota penha em meio às gretas,
Cobriam contra nós todo o ar de setas.

L

Nem cessava o rebelde belicoso
Com vivo fogo o assalto combatendo,
Enquanto sobe o luso valeroso,
Trepando em fúria no penedo horrendo:
Quem, no meio do impulso impetuoso,
Cai na ruína o próximo envolvendo,
Quem ferido de frecha ou veloz bala,
Do mais alto da penha ao mar resvala.

LI

Todo o penhasco em fogo se fundia,
Enquanto o mar em roda em chamas ferve,
Entre o fracasso[8] e fumo que saía,
De nada o ouvido vale e a vista serve:
A terra toda em roda estremecia;
E sem que a água do incêndio se preserve,

---

[7] Despenhadeiros.

[8] Barulho de algo que cai ou se quebra.

Parecia ferver do fogo insano,
Escondendo a cabeça o Padre Oceano.

LII

Qual do Vesúvio a boca pavorosa,
Quando rios de fogo ao mar derrama,
Arroja ao ar com fúria impetuosa
Parte do vasto monte envolta em chama:
A cinza cobre o céu caliginosa[9],
Muge o chão, treme a terra, o pego brama,
E o mortal, espantado e tremebundo,
Crê que o céu caia e que se funda o mundo.

LIII

Tal de Villegaignon na penha dura,
Do horrífico trovão freme a tormenta,
E a chama entre a fumaça horrenda e escura
Do infernal lago as furnas representa:
Porém, do próprio fumo na espessura
A pontaria, que o rebelde intenta,
Evita o português, que ataca incerto
A escala vista e a peito descoberto.

LIV

E já no grão penedo tremulavam
As lusas quinas pelo forte Estácio,
E as lises do penhasco se arrancavam,
Donde a Villegaignon se ergue um palácio:
Pela roca os tamoios se arrojavam,
E o valor luso, dando inveja ao Lácio,
A guarnição francesa investe à espada,
E obriga em duro choque à retirada.

LV

O valente francês, que a bélica arte
Já com valor na Europa professara,
O peito à fuga opõe por toda a parte
E faz que volte o fugitivo a cara:
E vendo Estácio só junto ao estandarte,

---

[9] Muito escura.

Que por chefe dos lusos se declara,
Cuida de um golpe terminar a empresa
No general da gente portuguesa.

LVI

Não desfalece o capitão valente;
E de um e de outro lado acometido,
Rebate as balas sobre o escudo ingente,
E arroja-se ao rebelde enfurecido:
Lebrun despoja do mosquete ardente,
Com que muitos de um golpe tem ferido,
Outros do íngreme posto ao mar despenha,
E alguns expulsa da soberba penha.

LVII

E já fugia a tímida caterva,
Quando, Rochefoucauld, que a pugna[10] iguala,
Donde a viseira descoberta observa,
Lhe aponta desde longe ardente bala.
Caindo o herói, na espada, que conserva,
Adora humilde a cruz, e perde a fala:
Banha-se em sangue o chão, e em tanta glória
Regada a terra produziu vitória.

LVIII

Porque enquanto em segui-lo divertido,
Abandona o francês a fortaleza,
Tinha parte do exército subido,
A dar fim com vitória à forte empresa:
Admira Mendo o braço esclarecido;
E bem que do sobrinho o valor preza,
No juvenil ardor notou magoado
O tomar chefe as partes de soldado.

LIX

A pátria (o nobre Sá diz lagrimando)
Vítima irás da fé, da liberdade,
Vigor no sangue heróico à terra dando,
Donde se erga imortal nova cidade:

---

[10] Peleja, combate.

O caso acerbo aos pósteros contando
Tenham seus cidadãos da heroicidade
Clara lição no fundador primeiro,
Glória eterna do Rio de Janeiro.

LX

Tal nome deu à enseada no recordo
Do mês que ilustre foi por caso tanto,
E à cidade deixou com justo acordo
A clara invocação de um mártir santo:
E havendo as tropas recolhido a bordo,
Descansadas do bélico quebranto,
Faz imortais no tempo transitório
Os Correias e Sás no novo empório.

LXI

Entanto do tamoio a gente bruta,
Mais feroz sempre na marcial contenda,
Contra a nova cidade em fera luta
Movia guerra pelo mar tremenda:
Mas Mendo para a bárbara disputa
Faz que um chefe tapuia o mar defenda,
Araribóia[11] aos seus nomeia a fama,
Martim Afonso por cristão se chama.

LXII

Príncipe foi nas tabas respeitado,
Que ao nome português na guerra adito,
Tinha com Mendo os seus capitaneado,
Sempre contra o tamoio em campo invicto:
Quatro guerreiras naus tinha avançado
O rebelde, depois do grão conflito,
E em oito lanchas Arari buscando,
Do Cabo Frio a ponta iam dobrando.

LXIII

Saltam da noite no silêncio escuro
As belicosas mangas[12] guarnecidas

---

[11] Às vezes também referido como Arari.

[12] Tropas.

De imensas chusmas do tamoio duro,
Que obrar deviam na campanha unidas:
E enquanto têm o campo por seguro,
Jaziam pelas praias estendidas,
Para investir co'a luz, que já arraiava,
A aldeia de Arari, que os esperava.

LXIV

Mas o bravo tapuia belicoso,
Antevendo o descuido do inimigo,
Busca o manto da noite insidioso,
Para investi-los no noturno abrigo:
Convoca os seus guerreiros animoso;
E sem dizer-lhes mais do seu perigo,
Depois que um breve espaço os olhou mudo,
Disse cheio de ardor, batendo o escudo:

LXV

Su, valerosa, intrépida caterva;
Que esperamos no nosso alojamento?
Acaso até que o campo em chusma ferva
E nos busque o francês no próprio assento?
Sei por espia, que o seu campo observa,
Que dorme sobre as praias desatento,
Onde se o surpreendermos de improviso,
Sentirão todo o dano antes do aviso.

LXVI

Basta que em marcha procedais quieta,
E que invadindo a turba descuidada,
Não cuides de empregar a bala, ou seta,
Mas que tudo leveis à pura espada:
E quando o vasto campo se acometa,
Deixando-lhe às canoas livre entrada,
Antes que o ferro vibre os seus reveses,
Desarmai, se puderdes, os franceses.

LXVII

Chamam corpo da guarda onde o soldado
Costuma pôr as armas nas vigias;
Ali correi com ímpeto apressado,

Seguindo o passo sempre das espias:
Que nada o francês pode desarmado,
E sem as chamas que derrama impias,
Ficará desde o ímpeto primeiro
Nas mãos da nossa tropa prisioneiro.

LXVIII

Disse o astuto Arari, e a lento passo
Cada um pela brenha vai disperso,
Devendo a dado tempo e a certo espaço
Qualquer unir-se em batalhão diverso:
E achando em sono descuidado e lasso,
Sem sentinelas ter, o campo adverso,
Um a um, pé ante pé, em marcha tarda,
Assaltam juntos a sopita[13] guarda.

LXIX

Juntas as armas de improviso apanham,
Matando as guardas meio adormecidas;
E depois que a armaria toda ganham,
Quantos as vêm buscar perdem as vidas:
O sono com as mortes acompanham;
E outros vendo sem armas as partidas,
Porque a causa não sabem do tumulto,
Buscam as lanchas, por fugir do insulto.

LXX

Araribóia, como um raio ardente,
Uns dormindo degola pela areia,
Outros sem armas, que rendidos sente,
Prisioneiros com cordas encadeia:
A fiel tropa pela praia ingente
Toda deixa a campanha de horror cheia,
Cobrindo de cadáveres o plano,
Alagado co'a espada em sangue humano.

LXXI

E já nos céus risonha aparecia
A estrela d'alva as trevas apartando,

---

[13] Caída em sonolência.

E com trêmula luz o incerto dia
No extremo do horizonte ia arraiando:
Quando o estrago da noite aparecia,
E preso ou morto o franco demonstrando,
Nem as lanchas se salvam, que a vazante
Em seco as pôs na mão do triunfante.

LXXII

Não cessava Martim contra a espantada
Multidão de tamoios, que se embrenha;
E deixando-lhe a aldeia derribada,
Não se lhe esconde algum no mato ou brenha:
Muitos no averno lança com a espada,
Fugindo outros ao mar n'água despenha,
Nem fulminando a maça a algum perdoa,
Oculto na cabana ou na canoa.

LXXIII

Fez este marte do Brasil constante
À nação dos tamoios tanta guerra,
Que ele só com a espada fulminante
Lhe extingue o nome e despovoa a terra:
Mais não ousa o rebelde mareante[14],
Enquanto Araribóia no campo erra,
Desembarcar na costa, sem que o bravo
O deixe combatendo, ou morto, ou escravo.

LXXIV

Vi que do excelso trono vinha entanto
Uma augusta donzela adormecida,
De quem brilhava sobre o aspecto santo
A piedade, a abundância, a ciência, a vida:
Do seio derramava do áureo manto
A opulência no mundo apetecida;
E logo que foi vista sobre a terra,
Submergiu-se no averno a infausta guerra.

LXXV

Era a divina paz, que os céus nos manda,

[14] Homem do mar.

Prêmio de um cetro, que da fé zelante
Propaga o santo culto onde comanda,
E as leis defende da justiça amante:
Sem os estragos de uma guerra infanda
Gozará o Brasil de paz constante,
Por setenta anos de um governo justo,
Tendo tranqüila a terra e o mar sem susto.

LXXVI

Nem mais a espada e bomba pavorosa
Se ouvirá na marinha e sertão vasto;
A voz só do Evangelho poderosa,
Simples, sem artifício, indústria ou fasto:
A semifera gente viciosa
No jugo conterá de um temor casto;
E às mãos dos seus apóstolos se avista
Com as armas da cruz feita a conquista.

LXXVII

Mas vi entanto lusitano império
Na Líbia ardente em sangue submergido,
E o seu domínio no índico hemisfério
Do batavo nas águas invadido:
E ou por descuido do governo hespério,
Ou de mil contratempos combatido,
Cedeu no vasto mar por toda a banda.
O império do Brasil à fria Holanda.

LXXVIII

Dezesseis longos séculos contando,
Com anos vinte e quatro a vulgar era,
Vi a batava esquadra o mar surcando,
Onde Willekens general modera.
Petre Petrid os mares assombrando,
Por almirante aos náuticos se dera,
Poder que às Índias navegar fingia,
E contra a expectação[15] veio à Bahia.

---

[15] Expectativa.

LXXIX

A fronte descobri da excelsa praça,
As armas governando o bom Furtado,
Que antevendo os efeitos da desgraça,
Tudo dispunha com valor frustrado:
Convoca quanto encontra e tudo abraça
Por opor-se ao perigo ameaçado;
Mas dissipa-se a gente sem batalha,
Por faltar não valor, mas vitualha[16].

LXXX

Dispunha assim o batavo experiente,
Antevendo que a turba mal unida,
Sem cauta providência que a sustente,
Esfriando no ardor toma a fugida;
E vendo a multidão menos freqüente
E a plebe na tardança esmorecida,
Quando menos o espera a chusma fraca,
Ocupando um castelo, o povo ataca.

LXXXI

Ruyter e Duchs com legião potente
A porta invadem de S. Bento em fúria;
Mas rebatidos de impressão valente,
Cessam, fugindo da intentada injúria:
Mas tão funesto horror concebe a gente,
Que a guerra ignora com profunda incúria,
Que quando faz que Ruyter não se arroje,
Deixa o terreno e do vencido foge.

LXXXII

Furtado de Mendonça, que não vira
Jamais do medo vil a fronte escura,
Com setenta somente a face vira,
E sem mais que o seu peito a praça mura:
O amor da pátria, que o furor lhe inspira,
Faz que, da vida desprezando a cura,
Se arroje o luso ao batavo que o inunda,
E um fira, um despedace, outro confunda.

---

[16] Mantimentos.

LXXXIII

Mas vendo na manhã que o céu descobre
A cidade do povo abandonada,
Nem mais que o peito de Furtado nobre
Com poucos dos setenta na esplanada:
Teme que num só peito o valor sobre,
E que deixando a empresa retardada,
Socorro venha donde bom partido
Ao bravo chefe se ofereceu rendido.

LXXXIV

Não tarda a fama a divulgar voando
Da capital brasílica o sucesso,
Enquanto o belga, que lhe ocupa o mando,
Recolhe da vitória o imenso preço.
Treme em Madri o trono, receando
Que o bélgico leão, com tanto excesso,
Prostre o de Espanha e, como o vulgo narra,
No México e Peru lhe imprima a garra.

LXXXV

Cobre-se o mar de esquadras numerosas,
Move-se a lusa e hispana fidalguia,
Vão-se embarcando legiões famosas,
Tudo em náutica chusma o mar fervia:
Fradique as naus hispanas poderosas,
Meneses as de Lísia prevenia,
Vendo-se terra e mar, no caso incerto,
De petrechos, canhões e armas coberto.

LXXXVI

Já pela barra entrava da Bahia,
Com sessenta e seis naus soberba a armada,
Dez mil homens de alta valentia
Ocupavam sobre elas a enseada:
De tanto nome em militar porfia,
Que a guarnição da praça, de assombrada,
Bem que finja valor nesta conquista,
Antes que ao ferro, se lhe abate à vista.

LXXXVII

Dispõe-se em meia-lua a armada inteira,
Cerrando a fuga ao belga esmorecido;
Ocupa o forte exército a ribeira
Em dous quartéis aos lados dividido.
Mas o batavo Quif na ação primeira,
Tendo o campo a Fradique acometido,
Com sortida deixou no ardor insana
Suspensa a lusa gente e rota a hispana.

LXXXVIII

Cheio o belga de orgulho na ação brava,
Porque mais prove pela pátria o zelo,
Contra a esquadra, que os muros varejava,
Em dous baixéis arroja um mongibelo:
Crê que é fuga o Meneses, que observava,
E move toda a esquadra sem prevê-lo,
E parece que Deus o impulso inspira,
Com que do oculto incêndio as naus retira.

LXXXIX

Um giro a lua fez na azul esfera,
Enquanto os belgas de valor já faltos,
Ceder dispunham na contenda fera
Ao furor incessante dos assaltos:
E quando mais socorro não se espera,
Vendo que os mares se empolavam altos,
Cede o batavo humilde ao luso-hispano
A capital do império americano.

XC

Falando prosseguia Catarina,
Tendo a assembléia no discurso atenta,
Quando com fúria o bordo ao mar inclina
A nau, batida de hórrida tormenta.
Tudo à manobra o capitão destina;
E vendo que onda horrível se apresenta,
Lança-se o marinheiro à vela em pressa,
Acode o Diogo e Catarina cessa.

CANTO IX

I

Depois que o tempo torna bonançoso
E a noite vem tranqüila em branda calma,
De ouvir o mais do sonho portentoso
Se acende a todos o desejo n'alma:
E no empenho do belga belicoso,
Desejando escutar quem teve a palma,
Suplicam Catarina que prossiga
Na narração do sonho e tudo diga.

II

Vi (prossegue a matrona) em Marte duro
Confundir-se o Brasil, vagar potente
O batavo feroz, e o reino escuro
Encher Plutão da desditosa gente:
Vi descendo as milícias do céu puro
À plebe inerme com o zelo ardente
Infundir valor tal, que conte a história
Por milagre do céu cada vitória.

III

Petrid e Iolo, raios da marinha,
Com esquadras do pélago senhoras,
Qualquer do lado seu queimado tinha
Com chamas o Brasil desoladoras:
Petrid a frota que das Índias vinha
Com procelas de fogo abrasadoras,
E nas naus lavra, de tesouros cheias,
Ao infausto Brasil novas cadeias.

IV

Máquinas move o belga ambicioso,
Suprindo os gastos com a imensa prata;
E armando em guerra esquadras numerosas,

Ocupar Pernambuco ao luso trata:
Nem às forças da Holanda poderosas
Opõe o hispano, com a nova ingrata,
Tal socorro que a praça na contenda
Do grão poder dos batavos defenda.

V

Rege de Pernambuco a terra extensa
O intrépido Albuquerque, a tudo atento.
Guarnece a praça, os esquadrões condensa,
Dispõe ao fogo o bélico instrumento:
Quando à maneira de floresta densa
Se viu coberto o líquido elemento,
Onde proas setenta o mar rompiam,
E o Wandenburgo[1] general seguiam.

VI

Chamam "Pau Amarelo" um sítio[2] ao lado
Da cidade que a frota acometia,
Cômodo ao desembarque e mal guardado
De Albuquerque, que as praias defendia:
Ali com quatro legiões formado,
À bela Olinda o batavo se envia,
Onde com turmas de inexperta gente
Se opôs o luso chefe ao belga ardente.

VII

Nem muito dura ao fogo desusado.
O tímido esquadrão da gente lusa,
Que do insólito horror preocupado,
A fuga empreende em multidão confusa:
Um sobre outro ao fugir precipitado,
Render-se ao fero belga não recusa;
E a cidade infeliz deixando aberta,
Qualquer se salva donde mais o acerta.

---

[1] Aportuguesamento de Waerdenburch (o general Diederik van Waerdenburch.

[2] Na acepção de lugar.

VIII

Entra o holandês na praça abandonada,
E quando de riqueza a cuidou cheia,
Em triste solidão desamparada,
E acha sem prêmio a cobiçosa idéia.
Vingam nos templos a intenção malvada,
E o altar profanam com infâmia feia,
Tratando o pio rito e o santo culto
Com sacrílega mente e horrendo insulto.

IX

Mas não sofre da fuga o torpe medo
O valente, fortíssimo Temudo;
E tendo ao lado o intrépido Azevedo,
A espada empunha embaraçando o escudo:
Ao ver do saco no funesto enredo
A forma do holandês turbar-se em tudo,
Une alguns, que odiando a vil fugida,
Dão por preço da glória a heróica vida.

X

Oh, disse, honra imortal do nome luso,
Corações valerosos, que em tal sorte
Fazeis da doce vida o melhor uso,
Comprando a glória com a invicta morte:
Vedes sem forma o batavo confuso,
Da valerosa espada exposto ao corte:
Corra-se às armas, que, se os não vencemos,
Sem a pátria vingar não morreremos.

XI

Disse; e empregando a fulminante espada,
Uma esquadra invadiu que discorria,
Com cálices da igreja profanada,
Que com insulto em derrisão[3] metia:
De uns a fronte no chão deixou truncada,
De outros o peito com o ferro enfia,
De alguns, que insano acometendo freme,
Talhado o braço sobre a terra treme.

---

[3] Escárnio.

XII

Azevedo entre os mais, que no chão lança,
Tendo das balas empregado o impulso,
Com fero golpe de alabarda alcança
De Ruyter, que o acomete, o horrível pulso:
Despoja-o da arma e furioso avança,
Deixando-o em terra com tremor convulso,
Cornelisten derriba e o ferro emprega
Em Blá, que todo o chão com sangue rega.

XIII

Com fúria igual e impulso destemido
Invade contra o batavo a caterva,
E bem que a legião, em corpo unido,
Em roda ao luso disparando ferva:
Resiste o português nunca rendido,
Enquanto a vida com vigor conserva,
Até que sobre os belgas derribados
Caíram mortos sim, porém vingados.

XIV

Tem por nome Arrecife um forte posto,
Que um istmo separou do continente,
Donde o Castelo de S. Jorge oposto
Defende o passo ao trânsito iminente:
Ali fazia aos inimigos rosto
O bravo Lima, que do belga ardente,
Sem mais que trinta invictos defensores,
Trezentos sacrifica aos seus furores.

XV

Pasma de assombro Wandenburgo insano,
Nem pode crer, se o não convence a vista,
Que com força tão pouca o lusitano
De dous mil belgas ao furor resista:
Sai com todo o poder e ocupa o plano,
E em forma regular tenta a conquista;
E nem assim o Lima ao fogo cede,
Enquanto auxílio ao general não pede.

XVI

Recobrava-se entanto valerosa
Do primeiro terror a lusa gente,
Que inexperta da pugna belicosa,
Cedera no improviso do acidente:
E acompanhando em tropa numerosa
Do intrépido Albuquerque o ardor valente,
O belga usurpador pelas ribeiras
Cercaram com redutos e trincheiras.

XVII

Plantam depois um forte acampamento,
Donde se insulte o batavo inimigo,
Nem deixavam que um só pudesse isento
Sair sem dano ao campo, ou sem perigo:
Cortam-lhe o passo, e impedem-lhe o sustento,
Nem lhe concedem no terreno abrigo;
E ocupando-lhe o giro dilatado,
O belga cercador deixam cercado.

XVIII

Dous mil dos seus guerreiros escolhidos
Contra Albuquerque Wandenburgo avança;
Mas achavam os lusos prevenidos
Do seu valor na nobre confiança:
Caíam das trincheiras rebatidos
Do fogo os belgas, ou da espada e lança;
E sem que combatendo a mais se arrojem,
Em desordem do campo à praça fogem.

XIX

Com quatro companhias numa armada
Socorro de Lisboa recebendo,
Foi outra vez a tropa reforçada
Com gente e munições noutra de Oquendo:
Mil mosqueteiros, tropa exercitada,
No duro jogo de Mavorte horrendo,
S. Felice[4] conduz mestre de guerra

---

[4] Trata-se do Conde de Banholo, oficial que veio da Espanha para treinar as milícias da colônia portuguesa.

Mas menos apto na que usava a terra.

XX

Com socorro maior de Holanda armado
Contra Itamaracá corre o inimigo;
Duas vezes, porém, foi rechaçado
Com perda o belga para o noto abrigo:
À Paraíba e Rio Grande enviado,
Mudava de lugar, não de perigo;
E já menos bisonha a lusa tropa,
Põe em fuga o holandês, se em campo o topa.

XXI

A Wandenburgo no holandês império
Sucedera Rimbach em guerras noto,
Que estimando dos belgas vitupério
Ser cada dia pelos nossos roto:
Enquanto celebrava atento e sério
A páscoa o campo em procissão devoto,
Com todo o poder batavo acomete,
E o campo em confusão batendo, mete.

XXII

Não se interrompe a cerimônia augusta,
Orando o clero com o sexo pio,
Sai o ortodoxo contra a turma injusta,
Tomando por sagrado o desafio:
E fundando no céu confiança justa,
Pelejam com tal fé, com tanto brio,
Que matando Rimbach em feio estrago,
Deram aos belgas da blasfêmia o pago.

XXIII

Mas o céu, que o flagelo destinava,
Poder tão grande aos batavos concede,
Que nada a Vandescop, que os moderava,
Depois desta campanha o curso impede:
Fica Itamaracá de Holanda escrava,
Desfaz-se o campo, a Paraíba cede,
Perde-se o Rio Grande, e noutra empresa
Rende o luso o Pontal e a Fortaleza.

XXIV

Salva-se o resto da facção perdida
Nas Alagoas, sítio defensável,
Onde do fero belga perseguida,
Asilo busca a turba miserável:
Mas foi da Espanha em breve socorrida
Com brava tropa em frota respeitável,
Roxas de Borja, a Pernambuco enviado;
De Albuquerque o bastão tomou deixado.

XXV

Roxas, pronto no obrar, posto em batalha,
De Vandescop as tropas investia;
Mas o belga Arquichofe a marcha atalha
Com socorro que válido trazia.
Com tenebrosa sombra os lutos talha
A noite, que começa, à morte impia,
Dispondo Roxas em defensa armado.
Esperar o socorro convocado.

XXVI

Mas, logo que a manhã mostrou formosa
Da batalha inimiga a forma unida,
Mais não sossega a chama generosa,
E investe ardente a batava partida:
Cobre os céus a fumaça tenebrosa,
Perde o hispano e o holandês na empresa a vida,
E nem este, nem o outro ali vencera,
Se o temerário Roxas não morrera.

XXVII

S. Felice, na guerra mestre astuto,
Sucede no governo ao bravo hispano,
E brasílico Fábio entanto luto
Salvou na retirada o lusitano:
Foi das palmas batávicas produto
Governar o país pernambucano
O Conde de Nassau, que o belga envia,
General das conquistas que empreendia.

XXVIII

Era Nassau nas armas celebrado,
Com que ilustrava o excelso nascimento,
Príncipe então no império respeitado,
Nutrindo igual ao sangue o pensamento:
Entrou de forte armada acompanhado,
E no Arrecife situando o assento,
Levantou fortes, e em países belos
Guarneceu as colônias com castelos.

XXIX

Mas aspirando a empresa memorável,
Todo o exército e armada prevenia,
E achando Pernambuco defensável,
Invadiu no Recôncavo a Bahia:
S. Felice com resto miserável
Ali novo socorro ao rei pedia,
Quando ao bravo Nassau dispunha a sorte
Um chefe nele opor prudente e forte.

XXX

Tudo dispunha o Conde em forma e arte
De rebater do batavo a interpresa[5],
Dispõe pela cidade em toda a parte
Os meios e instrumentos da defesa:
Faz grossas levas e esquadrões reparte,
E tudo preparando à forte empresa,
Nada esqueceu de quanto na milícia
Inventa a militar sábia perícia.

XXXI

Entrava entanto pela vasta enseada
Nassau, que as praias enche da Bahia
Com a terrível majestosa armada,
Que com quarenta naus linha fazia:
E ao som da trompa marcial tocada
Em gratos ecos de hórrida harmonia,
Enche a horrenda procela em tais ensaios
A enseada de trovões e o céu de raios.

---

[5] O empreendimento.

XXXII

Entanto o claro Silva, que ocupava
Do supremo governo o excelso mando,
A S. Felice o posto renunciava,
Ficando por soldado ao seu comando:
Heróica ação, que pela pátria obrava,
Maior perícia em outrem confessando,
E merecendo nela em tanta empresa
Da corte aclamações, do rei grandeza.

XXXIII

Desembarca Nassau com turba ingente
Junto de Tapagipe, e empreende o oiteiro
Que nomear costuma a vulgar gente
Do antigo habitador, Padre Ribeiro:
Mas S. Felice, que o anteviu prudente,
De posto o bate, que ocupou primeiro;
E depois que seiscentos destro mata,
Em grande parte o belga desbarata.

XXXIV

Largos dias Nassau bate a trincheira,
Que lhe opôs ao quartel Banholo à frente;
Mas o belga em batalha verdadeira
Por muitos dias se avançava ardente:
Cobre-se a terra em hórrida maneira
De um monte de cadáveres ingente,
Vendo os belgas cair, sem que desista
Nassau com tanto sangue da conquista.

XXXV

E já desfeito o exército se via,
Ferido o oficial, e a gente morta,
Sem que cessasse o ardor nos da Bahia,
Que o S. Felice rege e o Silva exorta:
Pede tréguas Nassau nesta porfia,
E tudo com a tropa as naus transporta,
Fugindo do perigo o infausto efeito,
Com perda igual de gente e de conceito.

XXXVI

Dous dias na enseada por vingança
Bate a esquadra a cidade sem perigo,
Com balas e granadas, que em vão lança,
Parecendo mais salva que castigo:
Sobreveio ao Brasil nova esperança
De expugnar com mais forças o inimigo;
Mas foi o efeito das promessas vário,
Impedindo o socorro o mar contrário.

XXXVII

Vi neste tempo em confusão pasmosa
A monarquia em Lísia dominante,
E a Casa de Bragança gloriosa
Nos quatro impérios triunfar reinante:
A Bahia com pompa majestosa
Festejar o monarca triunfante,
E o Pernambuco, de desgraças farto,
Invocar pai da pátria D. João Quarto.

XXXVIII

Tratava o novo rei com fé provada
A batávica paz, que sem justiça
Deixava ao mesmo tempo quebrantada
O belga injusto pela vil cobiça:
Ocupa o Maranhão batava armada,
E outra esquadra em Sergipe o incêndio atiça,
Pretendendo ocupar com falso engano
Toda África e Brasil ao lusitano.

XXXIX

Cede do seu governo de afrontado
O general Nassau, tornando a Holanda,
Tendo o conselho do Arrecife armado
Mil artifícios de calúnia infanda:
Nem contra os habitantes moderado
O duro freio do governo abranda,
Onde a plebe agravada que o experimenta[6]
O jugo sacudir com glória intenta.

---

[6] Em algumas edições lê-se a forma sincopada "exp'rimenta".

XL

João Fernandes Vieira foi na empresa
O instrumento da pátria liberdade,
Herói que soube usar da grã riqueza,
Libertando o Brasil desta impiedade:
De amigos e patentes na defesa
Tentou furtivamente a sociedade,
E como a pedra a estátua de Nabuco,
O belga derribou de Pernambuco.

XLI

Nomeou cabos, tropas, companhias,
Pediu socorros e invocou prudente,
Expondo do holandês as tiranias
O governo brasílico potente:
Avisa sem demora Henrique Dias,
Capitão dos etíopes valente,
E o forte Camarão, que em guerra tanta
Com os seus carijós o belga espanta.

XLII

Ouve o holandês com susto o movimento;
E querendo oprimir nascente a chama,
Com dous mil homens prevenia atento
A nova guerra, que o Vieira inflama:
Deixara o luso chefe o alojamento,
E os belgas, que à cilada oculto chama,
Empenhou de um lugar nas duras rocas,
A que o monte chamaram das Tabocas.

XLIII

Entre arbustos e canas de improviso
Dispara o luso sobre a incauta gente;
E precedendo o dano antes do aviso,
Desbarata o holandês com fúria ardente:
Suspende a marcha o batavo indeciso,
E sem ver o inimigo, o golpe sente,
Até que vendo o estrago dos soldados,
Cedem o campo e fogem destroçados.

XLIV

Holanda era potente e o luso aflito,
Onde enchendo Lisboa de ameaças,
Por ter notícia do infeliz conflito,
Meditava ao Brasil novas desgraças:
Mas por guardar os seus o rei invicto
Dispôs piedoso nas províncias lassas
Providências, que à paz chamar pudessem
O tumulto em que os nossos permanecem.

XLV

Vão com dous regimentos destacados
O Moreno e Negreiros da Bahia
A dar paz (se é possível) destinados
Na guerra que o Vieira então movia:
Viram veigas[7] e campos abrasados,
E o colono infeliz, que perecia;
Com lástima da tropa, que observara,
Todo o estrago que o belga ali causara.

XLVI

Avistado o Negreiros e o Vieira,
Venho (disse o primeiro) a prisão dar-vos,
Por haver provocado a ira estrangeira
A uma guerra que acabe de assolar-vos:
É justo que eu também prender-vos queira;
Mas será (disse o herói) com abraçar-vos;
E assim dizendo alegre move o passo,
E os dous recebe com festivo abraço.

XLVII

Outro tanto fazia a tropa unida
Ao invicto esquadrão pernambucano;
E aplaudindo a vitória conseguida,
Detestam do holandês o enorme engano:
Nem muito tarda a gente fementida
Que não abrase a esquadra ao lusitano,
Onde embarcando pela paz chegara,
Com o batavo próprio o convidara.

---

[7] Várzeas.

XLVIII

Ouvem-se entanto os míseros clamores
De turba feminina, que invocava
O socorro dos seus libertadores
Contra o belga cruel que a cativava.
Mas não cessa o Vieira e sem rumores
O engenho, aonde incauto descansava
O belga general cercado; bate,
E rendendo-o à prisão, vence o combate.

XLIX

Henrique Huss, do Arrecife comandante,
Era o cabo dos belgas prisioneiro,
Blac rendido também, chefe importante,
Subalterno nas armas do primeiro:
Foge do luso o batavo arrogante,
Espalhando os fuzis no grão terreiro,
E a chama teme que no horrendo empenho
Lançara o Vieira pelo vasto engenho.

L

Com fama de vitória tão brilhante
Toma as armas a plebe e o belga invade,
Serenhaem tomou, vila possante,
O partido comum da liberdade:
Segue Itamaracá[8] com fé constante,
Porto Calvo e os contornos da cidade,
Deixando no Arrecife sem remédio
Encerrado o holandês com duro assédio.

LI

Mas não cessa na Holanda a companhia,
E ao numeroso exército, que ordena,
Segismundo Van-Scop por chefe envia,
Munido em guerra de potência plena:
Do experto general, que dê confia[9]

---

[8] Algumas edições (a primeira e a de 1836) adotaram "Iramaracá"; outras (as de 1878, 1913, e 1945) optaram por "Itamaracá". Seguimos o manuscrito e a edição de 1845: "Itamaracá".

[9] Na primeira edição e nas de 1836, 1878, 1913 e 1945 consta "desconfia".

O prêmio ao valeroso, ao fraco a pena,
E empreendendo com forças o combate,
O inimigo Vieira ou prenda, ou mate.

LII

Abordando o Arrecife então cercado,
A inércia dos seus chefes repreende,
Nem muito tarda que no campo armado
Não saia a Olinda, que expugnar empreende:
Em assalto a acomete duplicado,
E a brava tropa, que ao presídio atende,
Com tanto alento o batavo rechaça,
Que ferido Van-Scop se acolhe à praça.

LIII

Sem que desista da passada instância,
Tenta de novo, a empresa da Bahia;
Mas notando nos lusos a constância,
Que injúria do poder lhe parecia:
Consome do Recôncavo a abundância
Com freqüentes sortidas, que empreendia;
E porque cresça na cidade o tédio,
Ocupa Taparica e põe-lhe o assédio.

LIV

Teles entanto, que expulsar pretende
Sem igual força o batavo contrário,
Contra o comum conselho o ataque empreende,
E tudo expõe no impulso temerário:
Mas vendo o luso rei que a nada atende
O belga nos seus pactos sempre vário,
Manda armada ao Brasil, que poderosa
A batava nação dome orgulhosa.

LV

Teme o golpe Van-Scop e desampara,
Por guardar o Arrecife, Taparica,
Antevendo que a esquadra se prepara

No manuscrito e na edição de 1845, que seguimos, registrou-se "que dê confia".

Contra a praça, que auxílio lhe suplica:
Barreto de Menezes, que chegara
De novo general patente indica,
E em Pernambuco sublimado ao mando
Com prudência e valor foi governando.

LVI

Nove mil homens, tropa valerosa,
E com freqüentes palmas veterana,
Manda o batavo a empresa perigosa,
Que à guerra ponha fim pernambucana:
Ocupa o mar armada poderosa;
E dominando a praia americana,
Usurpa em mar e terra alto domínio,
Ameaçando dos lusos o extermínio.

LVII

Põe-se em campanha o batavo terrível,
Com sete mil de veterana tropa,
Vão densos bandos de gentio horrível,
Com destro gastador vindo da Europa:
E estimando a potência irresistível,
Cede ao belga a Barreta[10] e quanto topa,
Enquanto em defensiva o luso fica,
E o campo contra o belga fortifica.

LVIII

Segismundo, porém, que os bastimentos[11].
Em Moribeca assegurar procura,
Dispunha ali tomar alojamentos,
Estimando a vitória já segura:
Mas Barreto e Vieira a tudo atentos,
Na justiça, que a causa lhe assegura,
Confiam que na empresa o céu lhe valha,
E tudo vão dispondo a uma batalha.

LIX

Nem com tanto poder Van-Scop recusa

---

[10] Importante fortificação portuguesa.
[11] Abastecimento.

Decidir numa ação toda a contenda,
Antevendo, se a perde a gente lusa,
Que outra força não tem que a guerra empreenda;
E já na marcha a multidão confusa
A ação começa pelo fogo horrenda,
E turbando dos belgas toda a forma,
Combatem com valor, porém sem norma.

LX

Nos montes Guararapes se alojava
Formado o português, que o belga espera;
E a escaramuça, que empreendera brava,
Traz a sítio o holandês, que adverso lhe era:
Desde alto monte o luso fogo obrava,
Com ruína dos batavos tão fera,
Que ou seja ao lado, ou na espaçosa fronte,
Se cobriu de cadáveres o monte.

LXI

Reúne os batalhões Van-Scop irado.
E à frente com valor da linha posto
Tenta desalojar do alto ocupado
O invicto Camarão, que lhe faz rosto:
Mas com chuva de balas rechaçado,
Perde três vezes o ganhado posto;
E já ferido com mil mortos cede,
Em vil fuga, que a noite lhe concede.

LXII

Noventa dos seus perde o lusitano;
E enquanto o belga se retira incerto,
Descobre a aurora todo o monte e plano
De bandeiras, canhões, e armas coberto:
Muitos ali do batavo tirano,
Perdidos pela noite em campo aberto,
Deixa o dia, inexpertos nos roteiros,
Nas mãos da nossa tropa prisioneiros.

LXIII

Horroriza-se Holanda, pasma Europa,
Exalta Portugal, canta a Bahia,

Vendo-se triunfar tão pouca tropa
Da terrível potência que a invadia:
Nada de humano o pensamento topa,
Que em tudo a mão de Deus clara se via,
Pois sempre elege para os seus portentos
Os mais fracos e humildes instrumentos.

LXIV

Tinha exausta a ambição, mas não cansada
A cobiçosa Holanda em tal conquista;
E para novo empenho aparelhada,
Escolhe os capitães e a gente alista:
Mas do britano[12] às armas provocada,
Sobre interesse que mais alto avista,
Suspende o influxo na famosa empresa,
Deixando em Pernambuco a guerra acesa.

LXV

Brinck a este tempo, coronel valente,
Impetra de Van-Scop tropa luzida,
Com petrechos e número potente,
Que em batalha cruel toda decida:
Cinco mil homens de escolhida gente,
De canhões, e petrechos guarnecida,
Põe no campo assombrado da potência,
Igualando o valor co'a diligência.

LXVI

Com dous mil e seiscentos veteranos
Fez-lhe frente Barreto e o belga invade,
Correm de toda a parte os lusitanos
A sustentar a pátria liberdade:
Aloja o luso sobre os mesmos planos
Onde fora passada a mortandade;
O belga na montanha se distingue,
Um que o estrago renove, outro que o vingue.

LXVII

Mas Brinck a tudo atento desde o cume

[12] Natural da Bretanha.

Com perícia guerreira ocupa o monte,
Onde seguindo o militar costume,
Dá forma à retaguarda e ordena à fronte:
Nem tão ousado o português presume,
Que em vantajoso posto o belga afronte,
Esperando a ocasião dali oportuna
De poder atacar com mais fortuna.

LXVIII

Reconhece Barreto o sítio e forma;
E vendo o ardor da lusitana gente,
Que, hábil no passo, da subida o informa,
Faz que o bravo Vieira ataque ardente:
E cobrindo a invasão com sábia norma,
Com o fogo protege o assalto ingente,
Até que por mil casos duvidosos
Vê sobre o monte os campeões briosos.

LXIX

Nova batalha ali com fogo vivo
Move impávido o belga e firme insiste;
E por mais que o Vieira invada ativo,
Onde um corpo vacila, outro resiste:
Tal há que ainda combate semivivo;
Tal que cadáver já na morte triste,
A terra morde e em raiva enfurecida,
Blasfemando do céu, despede a vida.

LXX

A toda a parte voa o grão Barreto,
E um anima, outro ajuda, outros exorta;
E excitando no luso o pátrio afeto,
Incita o forte, o inválido conforta.
Bramava o fero Brinck em sangue infecto,
Entre a batava turba opressa e morta,
Assalta horrendo um batalhão potente,
E outros reprime com ferócia[13] ardente.

---

13 Ferocidade.

LXXI

Mas o invencível Camarão, que o nota,
Um forte troço da reserva abala;
E suspendendo a mísera derrota,
Lança o belga por terra de uma bala:
Logo o almirante da soberba frota,
Vendo inválido Brinck cair sem fala,
Ocupa o mando, que já vago estima,
E o batavo à peleja altivo anima.

LXXII

Não sofre Henrique Dias, que observava
Do novo chefe a intimação constante;
E de um tiro, que fero lhe apontava,
Derriba morto o intrépido almirante:
Sem comandante o belga trepidava,
E de um e de outro lado vacilante,
Uma vil fuga tímido declara,
E o campo com desordem desampara.

LXXIII

O estandarte soberbo dos Estados,
Tendas, peças, bandeiras numerosas,
Mil e trezentos mortos numerados,
Prisioneiros, bagagens preciosas:
Muitos centos na fuga degolados,
A caixa militar, armas custosas,
Foram, nesta ocasião de tanta glória,
O merecido prêmio da vitória.

LXXIV

Cinge o Arrecife de um assédio estreito
Com pronta cura o chefe lusitano;
Mas, tendo longa guerra o belga feito,
Era contínuo sim, mas mútuo o dano;
Até que Jacques ao comando eleito
No campo se avistou pernambucano,
Conduzindo em fortuita derrota
Para o luso comércio a usada frota.

LXXV

Por mar e terra sitiada a praça,
Depois do longo assédio de nove anos,
Com mil desastres fatigada e lassa,
Cedeu todo o Brasil aos lusitanos:
Mercê clara do céu, patente graça,
Que a tão poucos e míseros paisanos
Cedesse uma nação que enchia em guerra
De armadas todo o mar, de espanto a terra.

LXXVI

Assim modera o Padre Onipotente
Do ignorante mortal a incerta sorte,
Por fazer com tais casos evidente
Que não é quem mais pode o que é mais forte:
Tudo rege na terra a mão potente;
Dele a vitória pende, a vida, a morte;
E sem o seu favor, que o distribui,
Todo o humano poder nada conclui.

LXXVII

Triunfou Portugal; mas castigado,
Teve em tal permissão severo ensino,
Que só se logrará feliz reinado,
Honrando os reis da terra ao Rei Divino:
E que o Brasil aos lusos confiado
Será, cumprindo os fins do alto destino,
Instrumento talvez neste hemisfério
De recobrar no mundo o antigo império.

LXXVIII

Vi no sonho mil casos diferentes,
Que no curso virão de outras idades,
Vi províncias notáveis e potentes,
Vi nascer no Brasil áureas cidades;
Famosos vice-reis e ilustres gentes,
Tantos sucessos, tantas variedades,
Que somente pintado, como em sombra,
Confunde o pensamento, a vista assombra.

LXXIX

Prelados vi de excelsa hierarquia,
E entre outros da maior celebridade
O claro[14] Lemos, que enriqueça um dia
De novas ciências a universidade:
Ele ornará depois a academia
Com construções de excelsa majestade,
E em doutrina a fará com sábio modo
O Ateneu mais famoso do orbe todo.

LXXX

Deu Catarina fim, e arrebatada
Num êxtase ficou, vibrando ardores;
Corriam pela face em luz banhada
Lágrimas belas, como orvalho em flores:
Fica a pia assembléia esperançada
De outros sucessos escutar maiores;
E dando tempo ao sono milagroso,
No abraço a deixam do celeste esposo.

[14] Na acepção de eminente.

CANTO X

I

Cheia de assombro a turba a dama admira
Tornada a si da suspensão pasmosa;
E da nova visão, que ali sentira,
Prossegue a ouvir-lhe a narração gostosa:
Mais bela que esse Sol que o mundo gira,
E com cor (disse) de purpúrea rosa,
Vi formar-se no céu nuvem serena,
Qual nasce a aurora em madrugada amena.

II

Vi luzeiros de chama rutilante
Sobre a esfera tecer claro diadema,
De matéria mais pura que o diamante,
Que obra parece de invenção suprema:
Luzia cada estrela tão brilhante,
Que parecia um sol, precioso emblema
De admirável, belíssima pessoa
Que à roda da cabeça cinge a coroa.

III

De ouro fino os cabelos pareciam,
Que uma aura branda aos ares espalhava,
E uns dos outros talvez se dividiam,
E outra vez um com o outro se enredava:
Frechas voando, mais não feririam,
Do que um só deles n'alma penetrava;
Cabelos tão gentis, que o esposo amado
Se queixa que de um deles foi chagado.

IV

A fronte bela, cândida, espaçosa,
Cheia de celestial serenidade,
Vislumbres dava pela luz formosa

Da imortal soberana claridade:
Vê-se ali mansidão reinar piedosa,
E envolta na modéstia a suavidade,
Com graça, a quem a olhava tão serena,
Que excitando prazer, desterra a pena.

V

Dos dous olhos não há na terra idéia,
Que astros, flores, diamantes escurecem;
Ou na beleza de mil graças cheia,
Ou nos agrados, que brilhando oferecem[1]:
Num olhar seu toda a alma se'encadeia,
E mil votos à roda lhe aparecem
Dos que a seu culto glorioso alista,
Outorgando o remédio numa vista.

VI

Das faces belas, se na terra houvera
Imagem competente que a pintara,
Às flores mais gentis da primavera
Pelo encarnado e branco eu comparara:
Mas flor não nasce na terrena esfera;
Não há estrela no céu tão bela e clara,
Que não seja, se a opor-se-lhe se arrisca,
Menos que à luz do Sol breve faísca.

VII

Da boca formosíssima pendente
Pasma em silêncio todo o céu profundo:
Boca, que um *Fiat*[2] pronunciou potente,
Com mais efeito que se criasse o mundo:
Odorífero cheiro em todo o ambiente
Do labro se espalhava rubicundo;
Fragrância celestial, que, amante e pia,
No filho com mil ósculos bebia.

VIII

Todos suspende em pasmo respeitoso

---

[1] Algumas edições trazem a forma sincopada "of'recem".
[2] Em latim, "faça-se".

O amável, formosíssimo semblante;
E mais nele se ostenta, poderoso
O soberano autor do céu brilhante:
Pois quanto tem o empíreo de formoso,
Quanto a angélica luz de rutilante,
Quanto dos serafins o ardente incêndio,
De tudo aquele rosto era um compêndio.

IX

Nas brancas mãos, que angélicas se estendem,
Um desmaiado azul nas veias tinto,
Faz parecer aos olhos, quando o atendem,
Alabastros com fundos de jacinto:
Ambas com doce abraço, ao seio prendem
Formosura maior, que aqui não pinto;
Porque para pincel me não bastara
Quanto Deus já criou, quanto criara.

X

Mas, se não se dedigna o verbo santo,
Por nosso amor, de um símbolo rasteiro,
Dentro parece do virgíneo manto,
Pascendo em brancos lírios um cordeiro:
Os olhos com suavíssimo quebranto
Lhe ocupa um doce sono lisonjeiro,
À roda os serafins, que o estrondo impedem,
Para o não despertar silêncio pedem.

XI

Aos pés da mãe piedosa superada
Vê-se a antiga serpente insidiosa,
De que a fronte na culpa levantada
Quebra a planta virgínea gloriosa:
E enroscando os mortais já quebrantada,
Ao eco só da Virgem poderosa,
No mais fundo do abismo se submerge,
E o feral antro do veneno asperge.

XII

Ao ver beleza tanta, o pensamento,
Que a linda imagem surpreendia absorto,

Ouve no centro d'alma um doce acento
Que o peito enchia de vital conforto:
E como infunde às plantas novo alento
O matutino orvalho em fértil horto,
Tal dos doces influxos na abundância
Dentro d'alma eu senti nova constância.

XIII

Catarina (me diz), verás ditosa
Outra vez do Brasil a terra amada;
Faze que a imagem minha gloriosa
Se restitua de vil mão roubada:
E assim dizendo, nuvem luminosa,
Como véu, cobre a face desejada;
E faz que na memória firme exista
Entre amor e saudade a doce vista.

XIV

Assim conclui Catarina, enchendo
De duvidoso[3] assombro a companhia:
Que imagem fosse aquela, iam dizendo,
Ou qual deles acaso a roubaria?
Se a Mãe de Deus mistérios envolvendo,
Doutra cópia interior[4] o entenderia?
Ou queria talvez que em santo trato
Se restitua n'alma o seu retrato.

XV

Mas vela entanto apareceu boiante
Que junto da Bahia o mar cortava,
Onde em bandeira, que lançou flamante,
O leão das Espanhas tremulava:
Vem à fala com salva fulminante,
E a franca nau, que à terra velejava,
Posto à capa[5] o espanhol, cortês visita,

---

[3] Na acepção de "incrédulo".

[4] Em algumas edições preferiu-se a forma sincopada "int'rior".

[5] Condição na qual se põe um navio à vela para enfrentar uma tempestade, de modo que possa ser mantido com a proa bem chegada ao vento e ao mar, e com o menor número possível de velas que permita governá-lo.

E o claro Diogo a visitá-lo incita.

XVI

E depois que em festivo amigo abordo
O bom Gonzales o hóspede festeja,
Excitou-se nos dous claro recordo
De quem o hispano foi, quem Diogo seja:
Ambos nos braços, de comum acordo,
Um a outro mil ditas se deseja,
Reconhecendo o luso o nobre hispano,
Por um dos companheiros de Arelhano.

XVII

Carlos o grande, o imperador famoso,
Grato por mim a saudar-te envia
(Disse a Diogo o hispano generoso,
Socorrido a outro tempo na Bahia):
Ouviu o invicto César, gracioso
O teu obséquio à hispana monarquia,
E o serviço, que grande considera,
Por mim no seu agrado remunera.

XVIII

E porque possa em caso equivalente
Retribuir-te aquela ação piedosa,
Salva aqui te ofereço a infausta gente,
Perdida nessa praia desditosa:
De cativeiro bárbaro e inclemente
Vivia na opressão laboriosa,
Até que destas armas protegida
Remiu na liberdade a infausta vida.

XIX

Garcez então da gente lusitana
O mais distinto que o discurso ouvia,
Confessa o beneficio à força hispana,
E a história de seus casos principia:
Depois que a gente abandonaste insana,
Com teu aviso, a lusa monarquia
Gentes aqui mandou, naus poderosas,

Que as nações sujeitassem belicosas.

XX

Foi Pereira Coutinho o destinado
A fazer da Bahia a grã conquista;
Herói no índico império celebrado,
Em quem nova esperança o luso avista.
Tudo tinha o bom chefe preparado,
Formosas naus ajunta e gente alista,
E à grã população que meditava
De um sexo e doutro as gentes convidava.

XXI

E sem demora as praias ocupando,
Foi dos Tupinambás, com teu recordo,
As potentes aldeias visitando,
Com amiga aliança em firme acordo.
Do sertão vasto em numeroso bando
Desciam, festejando o nosso abordo,
Os carijós, tapuias e outras gentes,
Por fama do teu nome obedientes.

XXII

Gupeva e Taparica celebrados
Entre os tupinambás, nação que habita
Os campos da Bahia dilatados,
Antes de outros Coutinho solicita:
E por vê-los contigo emparentados,
Povoar o Recôncavo medita
Da gente, que o teu nome reconhece,
Onde de dia a dia o povo cresce.

XXIII

Todo o fértil terreno utilizando,
Donde riqueza se oferece tanta,
Engenhos vai de açúcar fabricando,
Aldeias, casas, máquinas levanta:
E as drogas preciosas comutando,
A mandioca, arroz e a cana planta;
Nem duvida que seja em tempo breve
A colônia melhor que Europa teve.

XXIV

Escolha faz nas tabas numerosas
Dos que acha no trabalho mais ativos;
Mas guarda para empresas belicosas
Os que em ferócia reconhece altivos:
A todos com maneiras amorosas
Propõe da fé cristã claros motivos
E a condição notando em cada raça,
Uns doma com terror, outros com graça.

XXV

Sabe que em gente tal nada se colhe,
Depois de endurecer na idade adulta,
Onde na puerícia os mais escolhe,
Por dar-lhe em breve a educação mais culta:
Nem dos pais violento algum recolhe;
Mas do proveito, que de alguns resulta,
Induz a gente bárbara que o segue
Que a prole à educação gostosa entregue.

XXVI

Em cuidadosa escola, o temor santo
Antes das artes a qualquer se ensina;
Dão-lhe lições de ler, contar, de canto,
E o catecismo da cristã doutrina:
Vendo-os o rude pai, concebe espanto,
E pelo filho a mãe à fé se inclina,
Nem de meio entre nós mais apto se usa
Que aquela gente bárbara reduza.

XXVII

E estes serão, se a idéia não me engana,
Meios à grande empresa necessários,
Que em breve a gente rude fora humana,
Com escolas e régios seminários:
Foge, sem se domar, a gente insana,
Se em forças e poder nos vê contrários;
Mas, educada em tenra mocidade,
Dilataria o reino e a cristandade.

XXVIII

Mas no meio das belas esperanças,
Com que a nova colônia florescia,
Move a serpe infernal desconfianças
Entre os tupinambás e os da Bahia:
Foi a causa infeliz, destas mudanças
Um interesse vil de gente impia,
Que os povos ofendendo em paz amigos,
Cobriram toda a terra de inimigos.

XXIX

Gupeva foi dos seus abandonado;
Taparica foi morto; a lusa gente
Do gentio nos matos rebelado
Contínua perda nas lavouras sente:
Queimada a planta foi, perdido o gado,
E, cercado o arraial em continente,
Viu Coutinho por bárbara violência
Perdido o seu tesouro e diligência.

XXX

Na geral aflição do luso povo
A lugar se recorre mais tranqüilo;
Buscamos nos Ilhéus um sítio novo
Contra a turba feroz, seguro asilo:
E já Coutinho se dispõe de novo,
Vendo manso o gentio, a reduzi-lo,
Fabricando colônia de mais dura[6],
Menos fecunda sim, mas mais segura.

XXXI

Mas os tupinambás, melhor cuidando,
Com promessas os nossos convidavam,
Com mil amigas provas protestando
De conservar a paz que antes guardavam.
Creu o infeliz Coutinho, celebrando
Pactos que segurança a todos davam;
E sem temor de mais, voltar queria
Ao Recôncavo antigo da Bahia.

---

[6] De mais duração.

XXXII

E já no mar a frota se equipava,
E cada um de nós na empresa absorto,
Sem temor, ou receio, só cuidava
Em fazer ao Recôncavo transporto[7]:
Navegamos o espaço que distava;
E tendo à vista o desejado porto,
Com fúria o mar aos astros se levanta,
Em cerração do céu que à vista espanta.

XXXIII

O ar caliginoso e em névoa impuro
Tirou-nos toda a vista, e sem destino
Batemos cegos num penhasco duro,
Sem termos do lugar notícia ou tino:
Neste momento horrível, transe escuro,
Suplicando o favor do céu divino,
Vemos a nau, com hórridos fracassos,
Desfazer-se na penha em mil pedaços.

XXXIV

Ficamos, como o entendes, alagados,
Nadando em meio da procela horrenda;
Uns das ondas se afogam devorados,
Outros na praia em confusão tremenda:
E eis que os cruéis tupis encarniçados
Com frechas se empenharam na contenda,
Por levar-nos da areia semivivos
À sorte dos seus míseros cativos.

XXXV

Muitos vimos dos bárbaros comidos,
Alguns dispostos ao funesto ocaso,
Aflitos todos nós e esmorecidos,
E esperando qualquer seu triste prazo:
Mas de ti sobretudo condoídos,
Triste Coutinho, que no acerbo caso,
Depois de triunfar d'Ásia assombrada,
Perdeste infelizmente a vida amada.

---

[7] Transporte.

XXXVI

Tu, que mil vezes no remoto Oriente
Levantaste troféus de glória onustos,
A quem cedera o Malabar potente
Em armadas e exércitos robustos:
Tu, que foste o terror da índica gente,
Que da Lísia humilhaste aos reis augustos;
Lá estava entanto a tua sorte escrita
De vires a acabar nesta desdita.

XXXVII

Mais prosseguir não pôde sufocado
O bom Garcez em amargoso pranto;
E condoeu-se Diogo, recordado
De ver-se em outro tempo em caso tanto:
E havendo os naufragantes consolado:
Não sou (diz) insensível, que sei quanto
Acerbo o caso é, cruel o artigo,
E a piedade aprendi no meu perigo.

XXXVIII

Recebei, entretanto, valerosos
Com magnânimo peito a adversidade;
Conseguireis por transes perigosos
Fazer-vos dignos da imortalidade.
Deixareis monumentos gloriosos
A uma longa e feliz posteridade;
E ganhando obtereis tanta glória
Um nome eterno nos padrões da história.

XXXIX

Disse o piedoso herói, reconhecendo
Ao hispano monarca pelo enviado
O distinto favor, e à mercê tendo
Achar memória no real agrado:
À nau depois os sócios recolhendo,
No Recôncavo entrava desejado,
Onde a vista formosa da Bahia
Com perspectiva amena aparecia.

XL

A ver na estranha nau que gente aporte
Desde o interior sertão turba recresce,
E bem que diferente em traje e porte,
Catarina dos seus se reconhece:
Entre aplausos recebe a nação forte
O grão Caramuru, como merece,
Mostrando pelo amor e reverência
No antigo afeto a nova obediência.

XLI

Carrega entanto o lenho desejado
A nau de Du Plessis, que Diogo estuda
Que seja em toda a terra obsequiado,
Dando-lhe ao talho da madeira ajuda:
Um carijó, porém, nisto empregado,
Enquanto a carga em toda a nau se muda,
Uma imagem roubou formosa e bela
Que a nau venera na interior[8] capela.

XLII

Observou-a Diogo na cabana
Tratada dos tupis com reverência,
Estimando-a por cousa mais que humana,
Que excedia dos seus a inteligência:
Surpreendeu-se da imagem soberana
O lusitano herói; e à competência
Com eles venerando a Mãe Divina
Chama a vê-la a piedosa Catarina.

XLIII

Pôs-lhe os olhos a dama, e transportada:
Esta é (disse), é esta a grã Senhora
Que vi no doce sonho arrebatada,
Mais que o Sol pura, mais gentil que a aurora:
Eis aqui! esta é a imagem veneranda,
Este era aquele roubo[9], entendo agora:
Oh minha grande sorte! Oh imensa dita!

---

[8] Em algumas edições lê-se "int'rior".
[9] Na acepção de "êxtase".

Isto me quis dizer a Mãe bendita.

XLIV

Dizendo assim com ânsia fervorosa,
Prostrada abraça a imagem veneranda;
Beija, aperta-a; e de gosto lagrimosa
Mil saudosos ais ao céu lhe manda:
Aqui vos venho achar, Mãe piedosa,
No meio (disse) desta gente infanda!
Infanda como eu fui, se o vosso lume
Não me emendara o bárbaro costume.

XLV

Olha entanto suspensa a gente bruta,
E os excessos que vê cuidando admira;
Nem concebe nas vozes que lhe escuta
Se prazer seja, se de dor suspira:
Mas como a imagem celestial reputa,
Quanto à dama piedosa obrando vira,
Qualquer à imitação fazer deseja,
E este a adora, outro a abraça, e aquele a beija.

XLVI

O lusitano e franco religioso
Veneraram com fé prodígio tanto,
Lembrando-se do sonho portentoso
Com claro indício do presságio santo:
Enquanto o brutal povo numeroso
Tudo nota em um êxtase de espanto,
Até que a um templo em pompa veneranda
A pia multidão a imagem manda.

XLVII

Por santa invocação foi aclamada
A Senhora da Graça, e com fé pia
Foi desde aquele dia venerada
Singular Protetora da Bahia:
Igreja primitiva dedicada
Em meio às trevas dessa gente impia,
Memorável (se a fama é verdadeira)
Porque em todo o Brasil fora a primeira.

XLVIII

Neste festejo a plebe se entretinha,
E eis que uma salva se houve estrepitosa
De grande armada, que estendendo vinha
Galhardetes e flâmulas lustrosa:
Tudo ao rumor da frota se encaminha,
Vendo a bandeira tremular famosa,
Que no brasão das quinas[10] representa
A redenção que o céu na terra intenta.

XLIX

Era Tomé de Sousa o comandante,
Que ali governador fora mandado
Com multidão de gentes abundante,
Para dar forma ao povo começado:
Num sítio com mil mangues verdejante,
Que o grão Caramuru tinha habitado,
Da colônia, que às tabas se assemelha,
O nome nos ficou de Vila Velha.

L

Ali por principal constituído
Foi dos Tupinambás o claro Diogo
Das tabas do sertão reconhecido,
Como Dragão do Mar, filho do fogo:
Catarina por sangue esclarecido,
Herda de seus avós o império logo,
Convocando à Bahia nesta idéia
Dos seus tupinambás toda a assembléia.

LI

À taba de Gupeva, já habitada,
Onde hoje é Vila Velha, a turba corre;
Das outras tabas toda a gente armada
Com os seus principais a ouvir concorre:
Toda a cidade em corpo congregada
À grande casa concorreu da torre,
Paço de Catarina, que na empresa
Presidia aos tupis, como princesa.

---

[10] Brasão composto pelos cinco escudos das armas portuguesas.

LII

A seu lado Diogo, e Sousa armado,
À Câmara preside da Bahia;
O clero santo a Deus tendo invocado,
Ouviu-se dos clarins doce harmonia:
A tropa portuguesa ocupa um lado,
Todo o outro espaço o bárbaro cobria;
E em meio a cada casta ali presente,
Brilha emplumado o principal potente.

LIII

De varões apostólicos um bando
Tem de inocentes o esquadrão disposto,
Que iam na santa fé disciplinando,
Todos assistem com modesto rosto:
O catecismo em cântico entoando,
No idioma brasílico composto
Do exército, que Inácio à igreja alista,
Para empreender a bárbara conquista.

LIV

Sentiu da pátria o público proveito
O monarca piíssimo que impera;
E estes varões famosos tinha eleito
A instruir o Brasil na fé sincera:
Eles toda a conquista houveram feito,
E o imenso gentio à fé viera,
Se cuidasse fervente o santo zelo,
Sem humano interesse em convertê-lo.

LV

São desta espécie os operários santos,
Que com fadiga dura, intenção reta,
Padecem pela fé trabalhos tantos,
O Nóbrega famoso, o claro Anchieta:
Por meio de perigos e de espantos,
Sem temer do gentio a cruel seta,
Todo o vasto sertão têm penetrado,
E a fé com mil trabalhos propagado.

LVI

Muitos destes ali, velando pios,
Dentro às tocas das árvores ocultos,
Sofrem riscos, trabalhos, fomes, frios,
Sem recear os bárbaros insultos:
Penetram matos, atravessam rios,
Buscando nos terrenos mais incultos
Com imensa fadiga e pio ganho
Esse perdido, mísero rebanho.

LVII

Mais de um verás pela campanha vasta
Derramar pela fé ditoso sangue;
Quem morto às chamas o gentio arrasta,
Quem deixa a seta com o tiro exangue:
Vê-los-ás discorrer de casta em casta,
Onde o rude pagão nas trevas langue;
E ao céu lucrando as miseráveis almas,
Carregados subir de ínclitas[11] palmas[12].

LVIII

Com corte tanta no sublime Paço,
Que a grã Casa da Torre se apelida,
Orando Catarina um breve espaço,
O trono ocupa e as atenções convida:
Tinha emplumada a fronte, e o forte braço,
Como insígnia de império conhecida,
Um marraque por cetro sustentava,
Que toda a turba com respeito olhava.

LIX

Venturosos paisanos, que o céu ama
(Disse a dama real), povo disperso,
Que ele ao rebanho seu piedoso chama,
Desde o antigo dilúvio em sombra imerso:
Hoje vos quer livrar da averna chama,
Vendo arrastar-vos do dragão perverso,
Esse grão Deus que de uma cruz sublime

---

[11] Insignes.

[12] Na acepção de "vitórias".

A pena satisfaz e a culpa oprime.

LX

Da antiga Lusitânia o rei potente,
Acompanhando o Sol no giro imenso,
Vai rodeando todo o globo ingente,
Desde o aurífero Tago[13] ao China extenso:
Por ele a fé recebe todo o Oriente,
O mouro cede de pavor suspenso,
E Europa admira pelo mar profundo
Que o seu reino menor subjugue um mundo.

LXI

Deste grande monarca é tanto o império,
Que aonde a própria luz não se encaminha,
Nos limites extremos do hemisfério
O lusitano exército caminha.
A África e Ilhas, o árabe cimério[14],
Duas vezes passando a imensa linha,
Possui tantos povos, que a contá-los
São mais que os portugueses seus vassalos.

LXII

Este rei glorioso foi o eleito
Por providência da eternal bondade,
A fazer do Brasil um povo aceito
E digno de a gozar na eternidade:
Pudera desta gente o forte peito,
Tendo n'Ásia opulenta imensidade,
Estes nossos sertões trocar incultos
Por nações ricas e terrenos cultos.

LXIII

Pudera com as forças, que aqui manda,
Com pouca utilidade, ou mais que fora,
Domar o roxo mar por toda a banda,
E o reino todo possuir da aurora.
Mas a piedade faz, com que comanda,

---

[13] O Tejo.

[14] O povo que, na Antiguidade, ocupava as margens setentrionais do Euxino.

Que antepondo o Brasil a tudo agora,
Mostre aos homens que o impulso que o domina
É propagar no mundo a fé divina.

LXIV

Generoso pensar! sagrada empresa!
Longe de vã política de Estado,
Que se a milícia, se o comércio preza,
Não tem da Santa Fé menor cuidado.
Mas o que rege a vasta redondeza,
E a sorte dos impérios tem fixado,
Lá virá tempo enfim que o zelo pague,
E em ouro o Tago do Brasil se alague[15].

LXV

Um rei, se não me engana oculto instinto,
Quando o Quarto remir as lusas quinas,
Depois do Sexto Afonso e Pedro extinto,
Abrirá no sertão famosas minas:
Fará de ouro Lisboa D. João Quinto,
Altas disposições do céu divinas!
Pois no tremor e incêndio, que a ameaça,
Prepara este subsídio a grã desgraça.

LXVI

Tempo virá que dama majestosa
Por soberana a Lísia reconheça,
Época ilustre, insigne e venturosa,
Em que tenha uma santa por cabeça.
Descerá sobre o reino a paz formosa,
E com a paz fará que a glória desça,
Atlantes tendo de seu régio Estado
Quatro sábios e um ínclito prelado.

LXVII

E tu, monarca justo, do céu vindo,
Venha-te a palma sobre o empíreo tarda,
E pai da pátria ao reino presidindo,
Com zelo a antiga fé nos nossos guarda:

---

[15] Em algumas edições lê-se "*lhe* alague".

Enche o grão nome, as portas reprimindo
Do monstro averno, que nos fundos arda;
Que deixe Portugal, que na fé medra,
E Cristo firma sobre a imóvel pedra.

LXVIII

Esta insigne progênie o céu promete,
Brasil agora rude, aos teus vindouros,
O colo humilde entanto ao rei submete,
E oferece-lhe contente os teus tesouros:
E entre tantas nações, que ao jugo mete
À sombra Portugal dos verdes louros,
Sem provares da guerra o furor vário,
Chega ao trono a humilhar-te voluntário.

LXIX

E se princesa me chamais sublime
Dos vossos principais nascida herdeira,
Se ao grão Caramuru, que o raio imprime,
Jurastes vassalagem verdadeira:
Ele da sujeição tudo hoje exime,
Cedendo ao trono luso a posse inteira;
E eu do monarca na real pessoa
Cedo todo o direito e entrego a croa.

LXX

Dizendo assim, a dama generosa
Desce do trono e o esplêndido diadema
Entrega ao Sousa; e toma majestosa
Um baixo assento com modéstia extrema:
Pasma o tupinambá, vendo a formosa,
Nobre Paraguaçu de claro[16] estema[17],
Que, o seu régio marraque ao Sousa dando,
Despia a pompa do real comando.

LXXI

Logo o Caramuru, na língua e estilo
Dos naturais falando ao chefe novo,

---

[16] Na acepção de ilustre.
[17] Estirpe.

Posto tudo em silêncio para ouvi-lo,
O escudo da Bahia mostra ao povo.
A pomba de Noé, que ao noto asilo
Com ramo de oliveira vem de novo,
Dando a entender a paz que à crua gente
Com a fé dispensava o rei clemente.

LXXII

Este é o título (disse) verdadeiro,
Com que ocupa o Brasil nesta anarquia
O muito alto senhor D. João Terceiro,
A fim que em paz se tenha a turba impia:
Porque ao supremo ser e ente primeiro
Reconheça o sertão, sirva a Bahia;
E porque propagada a fé se veja
No novo império que conquista à igreja.

LXXIII

Disse Diogo, e as quinas tremulando,
"Real, Real" com voz clama expressiva,
Por D. João monarca venerando,
Príncipe do Brasil, que fausto viva.
Responde a turba os vivas replicando,
Com tão alto clamor que o ouvido priva,
E ao rumor dos canhões e das cornetas
Correspondem as bélicas trombetas.

LXXIV

Então sentado sobre o sólio ingente,
Que já desocupara a dama bela,
Como governador da lusa gente,
Tomé de Sousa cortejado dela;
Toma posse legítima e patente
Da Bahia e sertão, e sem querela
Do habitante, que os campos desocupa,
Em nome dos seus reis a terra ocupa.

LXXV

Depois ao povo e ilustre magistrado
Por leis do novo império manifesta
Que seja o novo santo venerado,

Que cesse nos sertões a guerra infesta[18];
Que o homicídio se veja castigado,
Que antropófago atroz, que a lei detesta,
Que a embaixada evangélica, que envia,
Se ouça com paz, que se honre o que a anuncia.

LXXVI

Que o indígena seja ali empregado,
E que à sombra das leis tranqüilo esteja;
Que viva em liberdade conservado,
Sem que oprimido dos colonos seja:
Que às expensas do rei seja educado
O neófito, que abraça a santa igreja,
E que na santa empresa ao missionário
Subministre subsídio o régio erário.

LXXVII

Por fim, publica do monarca reto
Em favor de Diogo e Catarina
Um real honorífico decreto,
Que ao seu merecimento honras destina:
E em recompensa do leal afeto,
Com que a Coroa a dama lhe consigna[19],
Manda honrar na colônia lusitana
Diogo Álvares Correia, de Viana.

---

[18] Adversa.
[19] Em algumas edições lê-se "consina".

DADOS BIOGRÁFICOS

O autor e sua obra

Santa Rita Durão nasceu no Brasil, em Minas Gerais no ano de 1722. No Rio de Janeiro estudou com os jesuítas, e aos nove anos foi para Portugal, continuar os estudos. Esses estudos, ele o faz com os Oratorianos, os quais haviam sido admitidos a colaborar no ensino secundário, antigamente ministrado em caráter exclusivo pelos jesuítas. Em Lisboa, entrou para a Ordem dos Eremitas de Santo Agostinho, no Convento das Graças. A seguir, cursou a faculdade de Teologia, na Universidade de Coimbra. Com a idade de trinta e quatro anos, doutorou-se em Filosofia e Teologia, por essa mesma Universidade; dois anos depois, é admitido na Academia Litúrgica.

Mas Frei Santa Rita Durão não colecionou apenas sucessos em sua vida; desavenças no meio eclesiástico e intrigas políticas acabaram por obrigá-lo a deixar Portugal. Em 1758, em Leiria, Santa Rita Durão trava relações com o Bispo D. João de Nossa Senhora da Porta, e passa a criticar, por instâncias deste último, os jesuítas, culpando-os pela tentativa de assassinato do rei D. José; escreve uma pastoral (assinada, todavia, pelo Bispo D. João) a fim de atrair a simpatia do Marques de Pombal, ao qual interessava neutralizar o poder da Companhia de Jesus; protesta contra a

Inquisição da Espanha, em relação ao caso em que esta mandou para a fogueira escritos de Sebastião de Carvalho. Entretanto, ao se tornar arcebispo, o Bispo D. João não se mostrou grato a Santa Rita Durão, e não deu a ele os créditos pelos escritos que contribuíram para a sua ascensão. Nosso autor se arrepende de sua posição contra os jesuítas e desentende-se com sua Ordem – fatos que o levam a ter problemas com a política instalada pelo Marques de Pombal. Tudo isso culmina com a sua fuga de Portugal.

Segue para Espanha, França (onde é preso e duramente interrogado; mas em breve acaba sendo solto), Itália (onde se retrata perante o Papa Clemente XIII, e permanece por nove anos como bibliotecário da Livraria Pública Lancisiana). Volta a Portugal quando o Marques de Pombal perde o poder. Obtém a cátedra de Teologia na Universidade de Coimbra. Em 1781, é publicado *Caramuru*. Morre em 1781, após uma vida dedicada inteiramente ao estudo e às letras.

Santa Rita Durão é considerado o "cronista do descobrimento", o introdutor do indianismo no Brasil e um grande mestre na narrativa. Levado a escrever *Caramuru* porque, como disse em suas "Reflexões Previas e Argumentos", os acontecimentos do Brasil não mereciam menos um poema que os das Índias, sua obra é a primeira a abordar o habitante nativo do Brasil. É também um retrato ricamente colorido e detalhado dos primórdios da colonização no Brasil, do momento em que o Recôncavo baiano era o eixo do comércio do pau-brasil e o de aves nativas. É um relato envolvente de cenas de guerras entre nações indígenas, de dados sobre costumes e tradições dos índios, sobre a fauna e flora das terras do Novo Mundo, e sobre os acontecimentos históricos relativos à formação do Brasil, como, por exemplo, as invasões francesa e holandesa e a divisão do país em capitanias.

Na forma, *Caramuru* segue o modelo usado por Camões em *Os Lusíadas*, composto por dez cantos de versos decassílabos dispostos em estrofes fixas, as oitavas com esquema de rimas *abababcc*. É uma das primeiras epopéias do Brasil. Desenrola-se em torno de uma lenda nativa, que vem da época do descobrimento do Brasil, e que foi formada a partir de testemunhos de que um português teria naufragado no Recôncavo baiano, vivendo com os índios entre os anos de 1510 e 1530. É a história de Diogo Álvares Correia que, ao escapar de um naufrágio nas costas da Bahia, cai prisioneiro de uma tribo de índios antropófagos. Também dessa vez consegue se safar, quando, ao disparar sua arma de fogo, causa profundo assombro e admiração entre os indígenas que, daí em diante, passam a vê-lo quase como a uma divindade, um filho de Tupá. A partir desse evento, Diogo Álvares Correia passa a ser chamado pelos indígenas de Caramuru, palavra que significa "Dragão do Mar", o nome de certo peixe e, na versão de Santa Rita Durão, "Filho do Trovão".

Em sua existência entre os índios, Diogo Álvares Correia impõe-se a tarefa de converter os índios ao catolicismo, fazendo-os abandonar costumes pagãos, como a antropofagia. Torna-se amigo do chefe Gupeva, participa de combates entre grupos indígenas, apaixona-se pela bela índia Paraguaçu. Segundo a lenda, Caramuru parte com Paraguaçu para a Europa. Após o batismo desta, na corte francesa, com o nome de Catarina (como sua madrinha, a rainha Catarina de Médicis), realiza-se o casamento de Diogo Álvares Correia com Catarina – a união de dois mundos.

No retorno ao Brasil, Paraguaçu, agora Catarina, tem um êxtase profético acerca do futuro da nova nação. Faz uma descrição da Bahia, dos engenhos, fortalezas e igrejas. Fala da guerra contra os franceses liderados por Villegaignon, que contavam com a ajuda dos tamoios. Depois fala do combate contra os holandeses, com a subseqüente recuperação de Pernambuco, e muitas outras empolgantes e cruentas batalhas. No fim do poema, Diogo e Catarina, por decreto real, são homenageados na colônia com grandes honrarias.

Cronologia

1722 – Nasce José de Santa Rita Durão em Cata-Preta, Arraial de Nossa Senhora de Nazaré do Infeccionado, Minas Gerais, filho de Paulo Rodrigues Durão (português), e de Ana Garcês de Morais (natural da província de São Paulo).

1731 – Depois de ter concluído os primeiros estudos no Colégio dos Jesuítas, Rio de Janeiro, muda-se para Portugal. Nunca mais voltará ao Brasil.

De **1733** a **1736** – Faz os estudos secundários com os Oratorianos.

1737 – Ingressa na Ordem dos Eremitas de Santo Agostinho, professando a regra agostiniana no Convento da Graça, Lisboa.

É mandado para Coimbra a fim de cursar a faculdade de Teologia. Ocorre aí a sua ordenação como presbítero. A seguir vai para Braga, onde leciona Teologia por cinco anos.

1754 – Vai para Coimbra, ocupando aí a cadeira de lente de Teologia, no Colégio da sua Ordem.

1756 – Torna-se doutor em Teologia pela Universidade de Coimbra. Leciona Teologia em Braga e na Universidade de Coimbra. É admitido na Academia Litúrgica Pontifícia.

1758 – Trava relações com o Bispo de Leiria, D. João de Nossa Senhora da Porta, o futuro Cardeal D. João Cosme da Cunha.

1759 – É nomeado professor de Filosofia e Matemática em Leiria (Portugal), porém não assume o cargo, em razão de seu superior, Bispo D. João, não o liberar.

Em 9 de fevereiro, em Leiria, prega o célebre sermão contra os jesuítas, responsabilizando-os pelo atentado ao rei D. José, em 1758.

É também nesse ano que escreve e envia ao prelado a pastoral (assinada, porém, pelo Bispo D. João de Nossa Senhora da Porta) em que reitera as acusações feitas no sermão. Diz-se que Santa Rita Durão pretendia, com essa pastoral, conseguir as boas graças do Conde de Oeiras (o futuro Marquês de Pombal), que já conhecia previamente o teor do documento.

1761 – Santa Rita Durão arrepende-se de sua crítica aos jesuítas. Em razão de desavenças com alguns eclesiásticos e com o Bispo de Leiria, foge de Portugal, só regressando depois de muitos anos.

1762 – Chega a Ciudad de Rodrigo, passa por Zaragoza. Ao seguir para Roma, recebe ordens para voltar à Espanha.

1763 – Ao dirigir-se a Cádiz, entra na França, para fugir de perseguição, de que julga estar sofrendo, ordenada pelo primeiro-ministro de Portugal. Tenta atravessar a pé a Catalunha, mas é preso a caminho de Montpellier e interrogado duramente no Parlamento de Toulouse. Fica preso, mas em pouco tempo consegue salvo-conduto e segue para a Itália.

1764 – Em Roma, consegue ser recebido pelo Papa Clemente XIII, ao qual apresenta retratação oral e escrita de seus erros.

É nomeado bibliotecário da Livraria Pública Lancisiana, aí permanecendo por nove anos.

1777 – Com a queda do Marques de Pombal, volta a Portugal e obtém a cátedra de Teologia na Universidade de Coimbra.

1781 – *Caramuru* é publicado em Lisboa, pela Régia Oficina Tipográfica.

1784 – Em 24 de janeiro morre Santa Rita Durão. É sepultado na Igreja do Hospício do Coleginho, em Alfama, lugar para o qual fora transferido.

1895 – A Paróquia de Nossa Senhora do Nazaré do Inficionado passa a se chamar Santa Rita Durão, pela lei municipal de 22 de junho desse ano.

1930 – Torna-se o patrono da cadeira número 9 dos membros correspondentes da Academia Brasileira de Letras.

1977 – Torna-se nome de rua em São Miguel Paulista, na capital de São Paulo.

Cronologia das edições de *Caramuru*

1781 – Primeira edição, pela Régia Oficina Tipográfica, Lisboa.

1829 – Publicação de *Caramuru* ou *La Découverte de Bahia*, tradução para o francês, em prosa, por Eugène de Monglave. Eugène Renduel, Éditeur-Libraire, Paris.

1836 – Segunda edição do *Caramuru*, Imprensa Nacional, Lisboa.

1837 – Terceira edição do Caramuru — a primeira no Brasil – pela Tipografia de Serva e Comp., Bahia.

1845 – Publicação de *Épicos brasileiros*, com *O Uraguai*, de Basílio da Gama, e *O Caramuru*, de Santa Rita Durão, pela Imprensa Nacional, Lisboa.

1878 – Quarta edição, pelo editor Mamiliano de C. Honorato, Rio de Janeiro.

1887 – Quinta edição, Livraria dos Dois Mundos.

1913 – Sexta edição, Editora Garnier, Rio de Janeiro.

1935 – Publicação de *O Caramuru: aventuras prodigiosas dum português colonizador do Brasil*, a adaptação de João de Barros, em prosa, do *Caramuru* de Santa Rita Durão. Editora Sá da Costa, Lisboa.

1945 – Sétima edição do *Caramuru*, Edições Cultura, São Paulo.

1957 – Antologia do *Caramuru*, organizador Hernâni Cidade, Editora Agir, Coleção Nossos Clássicos; reedições em 1961 e 1977.

2001 – Edição da Martins Fontes, com Introdução de Ronald Polito.

2003 – Adaptação em prosa de Cecília Casas, Landy Editora.

Sumário

Caramuru

Os Objetivos, a Filosofia e a Missão da Editora Martin Claret

O principal Objetivo da MARTIN CLARET é continuar a desenvolver uma grande e poderosa empresa editorial brasileira, para melhor servir a seus leitores.

A Filosofia de trabalho da MARTIN CLARET consiste em criar, inovar, produzir e distribuir, sinergicamente, livros da melhor qualidade editorial e gráfica, para o maior número de leitores e por um preço economicamente acessível.

A Missão da MARTIN CLARET é conscientizar e motivar as pessoas a desenvolver e utilizar o seu pleno potencial espiritual, mental, emocional e social.

A MARTIN CLARET está empenhada em contribuir para a difusão da educação e da cultura, por meio da democratização do livro, usando todos os canais ortodoxos e heterodoxos de comercialização.

A MARTIN CLARET, em sua missão empresarial, acredita na verdadeira função do livro: o livro muda as pessoas.

A MARTIN CLARET, em sua vocação educacional, deseja, por meio do livro, claretizar, otimizar e iluminar a vida das pessoas.

Revolucione-se: leia mais para ser mais!

MARTIN CLARET

Relação dos Volumes Publicados

1. Dom Casmurro
   Machado de Assis
2. O Príncipe
   Maquiavel
3. Mensagem
   Fernando Pessoa
4. O Lobo do Mar
   Jack London
5. A Arte da Prudência
   Baltasar Gracián
6. Iracema / Cinco Minutos
   José de Alencar
7. Inocência
   Visconde de Taunay
8. A Mulher de 30 Anos
   Honoré de Balzac
9. A Moreninha
   Joaquim Manuel de Macedo
10. A Escrava Isaura
    Bernardo Guimarães
11. As Viagens - "Il Milione"
    Marco Polo
12. O Retrato de Dorian Gray
    Oscar Wilde
13. A Volta ao Mundo em 80 Dias
    Júlio Verne
14. A Carne
    Júlio Ribeiro
15. Amor de Perdição
    Camilo Castelo Branco
16. Sonetos
    Luís de Camões
17. O Guarani
    José de Alencar
18. Memórias Póstumas de Brás Cubas
    Machado de Assis
19. Lira dos Vinte Anos
    Álvares de Azevedo
20. Apologia de Sócrates / Banquete
    Platão
21. A Metamorfose/Um Artista da Fome/Carta a Meu Pai
    Franz Kafka
22. Assim Falou Zaratustra
    Friedrich Nietzsche
23. Triste Fim de Policarpo Quaresma
    Lima Barreto
24. A Ilustre Casa de Ramires
    Eça de Queirós
25. Memórias de um Sargento de Milícias
    Manuel Antônio de Almeida
26. Robinson Crusoé
    Daniel Defoe
27. Espumas Flutuantes
    Castro Alves
28. O Ateneu
    Raul Pompéia
29. O Noviço / O Juiz de Paz da Roça / Quem Casa Quer Casa
    Martins Pena
30. A Relíquia
    Eça de Queirós
31. O Jogador
    Dostoiévski
32. Histórias Extraordinárias
    Edgar Allan Poe
33. Os Lusíadas
    Luís de Camões
34. As Aventuras de Tom Sawyer
    Mark Twain
35. Bola de Sebo e Outros Contos
    Guy de Maupassant
36. A República
    Platão
37. Elogio da Loucura
    Erasmo de Rotterdam
38. Caninos Brancos
    Jack London
39. Hamlet
    William Shakespeare
40. A Utopia
    Thomas More
41. O Processo
    Franz Kafka
42. O Médico e o Monstro
    Robert Louis Stevenson
43. Ecce Homo
    Friedrich Nietzsche
44. O Manifesto do Partido Comunista
    Marx e Engels
45. Discurso do Método / Meditações
    René Descartes
46. Do Contrato Social
    Jean-Jacques Rousseau
47. A Luta pelo Direito
    Rudolf von Ihering
48. Dos Delitos e das Penas
    Cesare Beccaria
49. A Ética Protestante e o Espírito do Capitalismo
    Max Weber
50. O Anticristo
    Friedrich Nietzsche
51. Os Sofrimentos do Jovem Werther
    Goethe
52. As Flores do Mal
    Charles Baudelaire
53. Ética a Nicômaco
    Aristóteles
54. A Arte da Guerra
    Sun Tzu
55. Imitação de Cristo
    Tomás de Kempis
56. Cândido ou o Otimismo
    Voltaire
57. Rei Lear
    William Shakespeare
58. Frankenstein
    Mary Shelley
59. Quincas Borba
    Machado de Assis
60. Fedro
    Platão
61. Política
    Aristóteles
62. A Viuvinha / Encarnação
    José de Alencar
63. As Regras do Método Sociológico
    Émile Durkheim
64. O Cão dos Baskervilles
    Sir Arthur Conan Doyle
65. Contos Escolhidos
    Machado de Assis
66. Da Morte / Metafísica do Amor / Do Sofrimento do Mundo
    Arthur Schopenhauer
67. As Minas do Rei Salomão
    Henry Rider Haggard
68. Manuscritos Econômico-Filosóficos
    Karl Marx
69. Um Estudo em Vermelho
    Sir Arthur Conan Doyle
70. Meditações
    Marco Aurélio
71. A Vida das Abelhas
    Maurice Materlinck
72. O Cortiço
    Aluísio Azevedo
73. Senhora
    José de Alencar
74. Brás, Bexiga e Barra Funda / Laranja da China
    Antônio de Alcântara Machado
75. Eugênia Grandet
    Honoré de Balzac
76. Contos Gauchescos
    João Simões Lopes Neto
77. Esaú e Jacó
    Machado de Assis
78. O Desespero Humano
    Sören Kierkegaard
79. Dos Deveres
    Cícero
80. Ciência e Política
    Max Weber
81. Satíricon
    Petrônio
82. Eu e Outras Poesias
    Augusto dos Anjos
83. Farsa de Inês Pereira / Auto da Barca do Inferno / Auto da Alma
    Gil Vicente
84. A Desobediência Civil e Outros Escritos
    Henry David Toreau
85. Para Além do Bem e do Mal
    Friedrich Nietzsche
86. A Ilha do Tesouro
    R. Louis Stevenson
87. Marília de Dirceu
    Tomás A. Gonzaga
88. As Aventuras de Pinóquio
    Carlo Collodi
89. Segundo Tratado Sobre o Governo
    John Locke
90. Amor de Salvação
    Camilo Castelo Branco
91. Broquéis/Faróis/Últimos Sonetos
    Cruz e Souza
92. I-Juca-Pirama / Os Timbiras / Outros Poemas
    Gonçalves Dias
93. Romeu e Julieta
    William Shakespeare
94. A Capital Federal
    Arthur Azevedo
95. Diário de um Sedutor
    Sören Kierkegaard
96. Carta de Pero Vaz de Caminha a El-Rei Sobre o Achamento do Brasil
97. Casa de Pensão
    Aluísio Azevedo
98. Macbeth
    William Shakespeare

99. **Édipo Rei/Antígona**
Sófocles

100. **Lucíola**
José de Alencar

101. **As Aventuras de Sherlock Holmes**
Sir Arthur Conan Doyle

102. **Bom-Crioulo**
Adolfo Caminha

103. **Helena**
Machado de Assis

104. **Poemas Satíricos**
Gregório de Matos

105. **Escritos Políticos / A Arte da Guerra**
Maquiavel

106. **Ubirajara**
José de Alencar

107. **Diva**
José de Alencar

108. **Eurico, o Presbítero**
Alexandre Herculano

109. **Os Melhores Contos**
Lima Barreto

110. **A Luneta Mágica**
Joaquim Manuel de Macedo

111. **Fundamentação da Metafísica dos Costumes e Outros Escritos**
Immanuel Kant

112. **O Príncipe e o Mendigo**
Mark Twain

113. **O Domínio de Si Mesmo Pela Auto-Sugestão Consciente**
Émile Coué

114. **O Mulato**
Aluísio Azevedo

115. **Sonetos**
Florbela Espanca

116. **Uma Estadia no Inferno / Poemas / Carta do Vidente**
Arthur Rimbaud

117. **Várias Histórias**
Machado de Assis

118. **Fédon**
Platão

119. **Poesias**
Olavo Bilac

120. **A Conduta para a Vida**
Ralph Waldo Emerson

121. **O Livro Vermelho**
Mao Tsé-Tung

122. **Oração aos Moços**
Rui Barbosa

123. **Otelo, o Mouro de Veneza**
William Shakespeare

124. **Ensaios**
Ralph Waldo Emerson

125. **De Profundis / Balada do Cárcere de Reading**
Oscar Wilde

126. **Crítica da Razão Prática**
Immanuel Kant

127. **A Arte de Amar**
Ovídio Naso

128. **O Tartufo ou O Impostor**
Molière

129. **Metamorfoses**
Ovídio Naso

130. **A Gaia Ciência**
Friedrich Nietzsche

131. **O Doente Imaginário**
Molière

132. **Uma Lágrima de Mulher**
Aluísio Azevedo

133. **O Último Adeus de Sherlock Holmes**
Sir Arthur Conan Doyle

134. **Canudos - Diário de Uma Expedição**
Euclides da Cunha

135. **A Doutrina de Buda**
Siddharta Gautama

136. **Tao Te Ching**
Lao-Tsé

137. **Da Monarquia / Vida Nova**
Dante Alighieri

138. **A Brasileira de Prazins**
Camilo Castelo Branco

139. **O Velho da Horta/Quem Tem Farelos?/Auto da Índia**
Gil Vicente

140. **O Seminarista**
Bernardo Guimarães

141. **O Alienista / Casa Velha**
Machado de Assis

142. **Sonetos**
Manuel du Bocage

143. **O Mandarim**
Eça de Queirós

144. **Noite na Taverna / Macário**
Álvares de Azevedo

145. **Viagens na Minha Terra**
Almeida Garrett

146. **Sermões Escolhidos**
Padre Antonio Vieira

147. **Os Escravos**
Castro Alves

148. **O Demônio Familiar**
José de Alencar

149. **A Mandrágora / Belfagor, o Arquidiabo**
Maquiavel

150. **O Homem**
Aluísio Azevedo

151. **Arte Poética**
Aristóteles

152. **A Megera Domada**
William Shakespeare

153. **Alceste/Electra/Hipólito**
Eurípedes

154. **O Sermão da Montanha**
Huberto Rohden

155. **O Cabeleira**
Franklin Távora

156. **Rubáiyát**
Omar Khayyám

157. **Luzia-Homem**
Domingos Olímpio

158. **A Cidade e as Serras**
Eça de Queirós

159. **A Retirada da Laguna**
Visconde de Taunay

160. **A Viagem ao Centro da Terra**
Júlio Verne

161. **Caramuru**
Frei Santa Rita Durão

162. **Clara dos Anjos**
Lima Barreto

163. **Memorial de Aires**
Machado de Assis

164. **Bhagavad Gita**
Krishna

165. **O Profeta**
Khalil Gibran

166. **Aforismos**
Hipócrates

167. **Kama Sutra**
Vatsyayana

168. **O Livro da Jângal**
Rudyard Kipling

169. **De Alma para Alma**
Huberto Rohden

170. **Orações**
Cícero

171. **Sabedoria das Parábolas**
Huberto Rohden

172. **Salomé**
Oscar Wilde

173. **Do Cidadão**
Thomas Hobbes

174. **Porque Sofremos**
Huberto Rohden

175. **Einstein: o Enigma do Universo**
Huberto Rohden

176. **A Mensagem Viva do Cristo**
Huberto Rohden

177. **Mahatma Gandhi**
Huberto Rohden

178. **A Cidade do Sol**
Tommaso Campanella

179. **Setas para o Infinito**
Huberto Rohden

180. **A Voz do Silêncio**
Helena Blavatsky

181. **Frei Luís de Sousa**
Almeida Garrett

182. **Fábulas**
Esopo

183. **Cântico de Natal/ Os Carrilhões**
Charles Dickens

184. **Contos**
Eça de Queirós

185. **O Pai Goriot**
Honoré de Balzac

186. **Noites Brancas e Outras Histórias**
Dostoiévski

187. **Minha Formação**
Joaquim Nabuco

188. **Pragmatismo**
William James

189. **Discursos Forenses**
Enrico Ferri

190. **Medéia**
Eurípedes

191. **Discursos de Acusação**
Enrico Ferri

192. **A Ideologia Alemã**
Marx & Engels

193. **Prometeu Acorrentado**
Ésquilo

194. **Iaiá Garcia**
Machado de Assis

195. **Discursos no Instituto dos Advogados Brasileiros / Discurso no Colégio Anchieta**
Rui Barbosa

196. **Édipo em Colono**
Sófocles

197. **A Arte de Curar pelo Espírito**
Joel S. Goldsmith

198. **Jesus, o Filho do Homem**
Khalil Gibran

199. **Discurso sobre a Origem e os Fundamentos da Desigualdade entre os Homens**
Jean-Jacques Rousseau

200. **Fábulas**
La Fontaine

201. **O Sonho de uma Noite de Verão**
William Shakespeare

202. **Maquiavel, o Poder**
José Nivaldo Junior

203. **Ressurreição**
Machado de Assis

204. **O Caminho da Felicidade**
Huberto Rohden

205. **A Velhice do Padre Eterno**
Guerra Junqueiro

206. **O Sertanejo**
José de Alencar

207. **Gitanjali**
Rabindranath Tagore

208. **Senso Comum**
Thomas Paine

209. **Canaã**
Graça Aranha

210. **O Caminho Infinito**
Joel S. Goldsmith

211. **Pensamentos**
Epicuro

212. **A Letra Escarlate**
Nathaniel Hawthorne

213. **Autobiografia**
Benjamin Franklin

214. **Memórias de Sherlock Holmes**
Sir Arthur Conan Doyle

215. **O Dever do Advogado / Posse de Direitos Pessoais**
Rui Barbosa

216. **O Tronco do Ipê**
José de Alencar

217. **O Amante de Lady Chatterley**
D. H. Lawrence

218. **Contos Amazônicos**
Inglês de Souza

219. **A Tempestade**
William Shakespeare

220. **Ondas**
Euclides da Cunha

221. **Educação do Homem Integral**
Huberto Rohden

222. **Novos Rumos para a Educação**
Huberto Rohden

223. **Mulherzinhas**
Louise May Alcott

224. **A Mão e a Luva**
Machado de Assis

225. **A Morte de Ivan Ilicht / Senhores e Servos**
Leon Tolstói

226. **Álcoois e Outros Poemas**
Apollinaire

227. **Pais e Filhos**
Ivan Turguêniev

228. **Alice no País das Maravilhas**
Lewis Carroll

229. **À Margem da História**
Euclides da Cunha

230. **Viagem ao Brasil**
Hans Staden

231. **O Quinto Evangelho**
Tomé

232. **Lorde Jim**
Joseph Conrad

233. **Cartas Chilenas**
Tomás Antônio Gonzaga

234. **Odes Modernas**
Anntero de Quental

235. **Do Cativeiro Babilônico da Igreja**
Martinho Lutero

236. **O Coração das Trevas**
Joseph Conrad

237. **Thais**
Anatole France

238. **Andrômaca / Fedra**
Racine

239. **As Catilinárias**
Cícero

240. **Recordações da Casa dos Mortos**
Dostoiévski

241. **O Mercador de Veneza**
William Shakespeare

242. **A Filha do Capitão / A Dama de Espadas**
Aleksandr Púchkin

243. **Orgulho e Preconceito**
Jane Austen

244. **A Volta do Parafuso**
Henry James

245. **O Gaúcho**
José de Alencar

246. **Tristão e Isolda**
Lenda Medieval Celta de Amor

247. **Poemas Completos de Alberto Caeiro**
Fernando Pessoa

248. **Maiakósvski**
Vida e Poesia

249. **Sonetos**
William Shakespeare

250. **Poesia de Ricardo Reis**
Fernando Pessoa

251. **Papéis Avulsos**
Machado de Assis

252. **Contos Fluminenses**
Machado de Assis

253. **O Bobo**
Alexandre Herculano

254. **A Oração da Coroa**
Demóstenes

255. **O Castelo**
Franz Kafka

256. **O Trovejar do Silêncio**
Joel S. Goldsmith

257. **Alice na Casa dos Espelhos**
Lewis Carrol

258. **Miséria da Filosofia**
Karl Marx

259. **Júlio César**
William Shakespeare

260. **Antônio e Cleópatra**
William Shakespeare

261. **Filosofia da Arte**
Huberto Rohden

262. **A Alma Encantadora das Ruas**
João do Rio

263. **A Normalista**
Adolfo Caminha

264. **Pollyanna**
Eleanor H. Porter

265. **As Pupilas do Senhor Reitor**
Júlio Diniz

266. **As Primaveras**
Casimiro de Abreu

267. **Fundamentos do Direito**
Léon Duguit

268. **Discursos de Metafísica**
G. W. Leibniz

269. **Sociologia e Filosofia**
Émile Durkheim

270. **Cancioneiro**
Fernando Pessoa

271. **A Dama das Camélias**
Alexandre Dumas (filho)

272. **O Divórcio / As Bases da Fé / e outros textos**
Rui Barbosa

273. **Pollyanna Moça**
Eleanor H. Porter

274. **O 18 Brumário de Luís Bonaparte**
Karl Marx

275. **Teatro de Machado de Assis**
Antologia

276. **Cartas Persas**
Montesquieu

277. **Em Comunhão com Deus**
Huberto Rohden

278. **Razão e Sensibilidade**
Jane Austen

279. **Crônicas Selecionadas**
Machado de Assis

280. **Histórias da Meia-Noite**
Machado de Assis

281. **Cyrano de Bergerac**
Edmond Rostand

282. **O Maravilhoso Mágico de Oz**
L. Frank Baum

283. **Trocando Olhares**
Florbela Espanca

284. **O Pensamento Filosófico da Antiguidade**
Huberto Rohden

285. **Filosofia Contemporânea**
Huberto Rohden

286. **O Espírito da Filosofia Oriental**
Huberto Rohden

287. **A Pele do Lobo / O Badejo / o Dote**
Artur Azevedo

288. **Os Bruzundangas**
Lima Barreto

289. **A Pata da Gazela**
José de Alencar

290. **O Vale do Terror**
Sir Arthur Conan Doyle

291. **O Signo dos Quatro**
Sir Arthur Conan Doyle

292. **As Máscaras do Destino**
Florbela Espanca

293. **A Confissão de Lúcio**
Mário de Sá-Carneiro

294. **Falenas**
Machado de Assis

295. **O Uraguai / A Declamação Trágica**
Basílio da Gama

296. **Crisálidas**
Machado de Assis

297. **Americanas**
Machado de Assis

298. **A Carteira de Meu Tio**
Joaquim Manuel de Macedo

299. **Catecismo da Filosofia**
Huberto Rohden

301. **Rumo à Consciência Cósmica**
Huberto Rohden

302. Cosmoterapia
Huberto Rohden

303. Bodas de Sangue
Federico García Lorca

304. Discurso da Servidão Voluntária
Étienne de la Boétie

305. Categorias
Aristóteles

306. Manon Lescaut
Abade Prévost

307. Teogonia / Trabalhos e Dias
Hesíodo

308. As Vítimas Algozes
Joaquim Manuel de Macedo

309. Persuasão
Jane Austen

Série Ouro
(Livros com mais de 400 p.)

1. Leviatã
Thomas Hobbes

2. A Cidade Antiga
Fustel de Coulanges

3. Crítica da Razão Pura
Immanuel Kant

4. Confissões
Santo Agostinho

5. Os Sertões
Euclides da Cunha

6. Dicionário Filosófico
Voltaire

7. A Divina Comédia
Dante Alighieri

8. Ética Demonstrada à Maneira dos Geômetras
Baruch de Spinoza

9. Do Espírito das Leis
Montesquieu

10. O Primo Basílio
Eça de Queirós

11. O Crime do Padre Amaro
Eça de Queirós

12. Crime e Castigo
Dostoiévski

13. Fausto
Goethe

14. O Suicídio
Émile Durkheim

15. Odisséia
Homero

16. Paraíso Perdido
John Milton

17. Drácula
Bram Stocker

18. Ilíada
Homero

19. As Aventuras de Huckleberry Finn
Mark Twain

20. Paulo – O 13º Apóstolo
Ernest Renan

21. Eneida
Virgílio

22. Pensamentos
Blaise Pascal

23. A Origem das Espécies
Charles Darwin

24. Vida de Jesus
Ernest Renan

25. Moby Dick
Herman Melville

26. Os Irmãos Karamazovi
Dostoiévski

27. O Morro dos Ventos Uivantes
Emily Brontë

28. Vinte Mil Léguas Submarinas
Júlio Verne

29. Madame Bovary
Gustave Flaubert

30. O Vermelho e o Negro
Stendhal

31. Os Trabalhadores do Mar
Victor Hugo

32. A Vida dos Doze Césares
Suetônio

34. O Idiota
Dostoiévski

35. Paulo de Tarso
Huberto Rohden

36. O Peregrino
John Bunyan

37. As Profecias
Nostradamus

38. Novo Testamento
Huberto Rohden

39. O Corcunda de Notre Dame
Victor Hugo

40. Arte de Furtar
Anônimo do século XVII

41. Germinal
Émile Zola

42. Folhas de Relva
Walt Whitman

43. Ben-Hur — Uma História dos Tempos de Cristo
Lew Wallace

44. Os Maias
Eça de Queirós

45. O Livro da Mitologia
Thomas Bulfinch

46. Os Três Mosqueteiros
Alexandre Dumas

47. Poesia de Álvaro de Campos
Fernando Pessoa

48. Jesus Nazareno
Huberto Rohden

49. Grandes Esperanças
Charles Dickens

50. A Educação Sentimental
Gustave Flaubert

51. O Conde de Monte Cristo (Volume I)
Alexandre Dumas

52. O Conde de Monte Cristo (Volume II)
Alexandre Dumas

53. Os Miseráveis (Volume I)
Victor Hugo

54. Os Miseráveis (Volume II)
Victor Hugo

55. Dom Quixote de La Mancha (Volume I)
Miguel de Cervantes

56. Dom Quixote de La Mancha (Volume II)
Miguel de Cervantes

58. Contos Escolhidos
Artur Azevedo

59. As Aventuras de Robin Hood
Howard Pyle